平成29年改訂
中学校教育課程実践講座

社 会

工藤 文三 編著

ぎょうせい

はじめに
―― 2020年代における社会科教育の新たな地平を目指して ――

　平成29 (2017) 年に小中学校の学習指導要領が告示され，2020年代は新学習指導要領が目指す学力観，学習指導観を各学校の教育指導に具体化し，その定着を図ることが基調的な課題となる。この学習指導要領の特色は，教育課程が目指す三つの資質・能力を各教科等の目標・内容に浸透させ，各教科等の学習を通じて資質・能力の達成を目指した点にある。また，教育課程全体を通して「主体的・対話的で深い学び」の実現に向けた授業改善を求めていることも大きな特色である。さらに，この授業改善と連動して，各教科等の特質に応じた「見方・考え方」を働かせることを求めている点も特色である。

　これらの改革は，これまでの改訂には見られなかった教育課程の構造改革と言える。また，教科教育についても「見方・考え方」の在り方を巡って，各教科等のレーゾンデートルが改めて問われることになる。

　社会科については，三つの資質・能力に対応した目標，内容の改善が行われるとともに，小・中学校の社会科の内容を，地理的環境と人々の生活，歴史と人々の生活，現代社会の仕組みや働きと人々の生活の三つの枠組みから整理するとともに，社会的な見方・考え方がこれらの枠組みに対応して明確にされた。

　これらを踏まえたとき，中学校社会科の教育指導については，次の点についてその在り方を求めていく必要がある。一つは，主体的・対話的で深い学びを各単元等のまとまりにおいて，どのように位置付け展開するかという点である。この学びの具体的な姿を，年間指導計画及び単元計画にどう位置付けて実現していくのかが問われる。また，基礎的・基本的な知識・技能の習得とこの学びの関連についても，実践的な解決が求められる。第二に，社会的な見方・考え方を「働かせ

る」ことを，授業構成の上でどのような取組として展開していくのかという点である。今後は，授業実践の積み重ねを通じて有効な見方・考え方と働かせ方を模索していくことが必要である。第三に，社会の変化や要請に伴って追加された事項や，見直された内容構成についての効果的な指導の在り方についてである。持続可能な開発のための教育（ESD）や主権者教育，防災・安全教育等も社会科ならではの課題として，実効性のあるカリキュラムを模索する必要がある。

　本書は，以上のような課題に応えるべく，次の点にポイントを置いて構成と内容の工夫を図った。全体を2章構成とし，第1章は新学習指導要領の基本的な考え方や構成及び中学校社会科に求められる教育実践の課題を整理した。続いて第2章では，各分野ごとの改訂のポイントを確認すると同時に，指導内容の区分ごとに捉え方と授業構成について示すこととした。全体を通して，目指す資質・能力の把握，指導内容の理解，授業構成のポイントと展開例といった構成とし，改訂の趣旨が授業に具体化する道筋が分かる構成をとった。第2章の最後には，各学校の参考にされるべく，指導計画の作成及び学習評価の改善について述べた。

　本書が各学校で広く参考とされ，2020年代の学校教育と社会科教育の新たな地平に向けた一助となれば幸いである。

編著者　工藤文三

目　次

第1章　新学習指導要領の基本的な考え方

第1節　新学習指導要領の特色と構成 ……………………………………… 2
Q　平成29年に告示された新学習指導要領の特色と構成のポイントを教えてください。　2
　1　資質・能力の三つの柱で目標・内容を再構成　2
　2　「主体的・対話的で深い学び」の実現を目指す授業　3
　3　教科等の特質に応じた「見方・考え方」　4
　4　その他の主な改訂事項　6

第2節　社会科系教科の改訂の概要と特色 ………………………………… 7
Q　小学校，中学校，高等学校を通した社会科系教科の改訂の概要と特色について，教えてください。　7
　1　目標の示し方の改訂　7
　2　内容構成の枠組みの整理　9
　3　資質・能力に応じた内容の示し方　9
　4　社会科における主体的・対話的で深い学び　11
　5　高等学校における科目構成の見直し　12

第3節　中学校社会科の改訂のポイントと特色 ………………………… 14
Q　今回の改訂はどのような背景の下，何を目指して行われましたか。中学校社会科の改訂のポイントと特色を教えてください。　14
　1　現行学習指導要領にみられる課題等　15
　2　社会科の目標と「社会的な見方・考え方」　15
　3　主体的・対話的で深い学び　16

4　考察・構想について　17
第4節　「社会に開かれた教育課程」と中学校社会科の展開　22
Q　「社会に開かれた教育課程」が求められている背景や，中学校社会科における取組のポイントを教えてください。　22
　　　1　新学習指導要領の枠組み　22
　　　2　「社会に開かれた教育課程」とは　23
　　　3　18歳選挙権時代と「社会に開かれた教育課程」　25
　　　4　中学校社会科における「社会に開かれた教育課程」の実践　27

第5節　中学校社会科で育てる資質・能力　29
Q　中学校社会科で育成を目指す資質・能力とはどのようなものですか。地理的分野，歴史的分野，公民的分野の各分野で育成を目指す資質・能力についても教えてください。　29
　　　1　新学習指導要領で育成を目指す資質・能力　29
　　　2　社会科，地理歴史科，公民科において育成する資質・能力　30
　　　3　資質・能力を育成する学びの過程についての考え方　31
　　　4　中学校社会科で育成を目指す資質・能力　31
　　　5　中学校社会科各分野で育成を目指す資質・能力　33

第6節　中学校社会科における「主体的・対話的で深い学び」の捉え方と進め方　36
Q　中学校社会科で「主体的・対話的で深い学び」をどのように捉え，指導に具体化すればよいでしょうか。　36
　　　1　「主体的・対話的で深い学び」の必要性　36
　　　2　「主体的・対話的で深い学び」の実現に向けた配慮事項　37
　　　3　「主体的・対話的で深い学び」を視点とした授業改善　39
　　　4　「主体的・対話的で深い学び」実現のための学習環境の充実　40

5 「主体的・対話的で深い学び」のための学習課題　41

第7節　中学校社会科における「見方・考え方」　42

中学校社会科における「見方・考え方」とはどのようなものですか。また，地理的分野，歴史的分野，公民的分野のそれぞれの特質に応じた「見方・考え方」とはどのようなものですか。　42

1 「社会的な見方・考え方」について　42
2 「社会的事象の地理的な見方・考え方」について　44
3 「社会的事象の歴史的な見方・考え方」について　45
4 「現代社会の見方・考え方」について　47

第8節　小学校・高等学校との円滑な接続　49

今回の改訂は，学校段階間の接続に重点を置いて行われたと聞いています。社会科系教科においては，小学校・中学校・高等学校を通してどのように一貫性が図られましたか。　49

1 小学校の社会科との一貫性　49
2 高等学校の地理歴史科，公民科との一貫性　50
3 指導計画作成上の配慮事項　51

第2章　中学校社会科の改善と授業構成

第1節　教科目標の改善　56

第2節　地理的分野の改善と授業構成　58

1 地理的分野の目標と内容の改善　58
2 地理的分野の授業構成のポイント　62
3 指導内容の捉え方と授業　66
　A　世界と日本の地域構成　66
　　(1) 地域構成　68
　B　世界の様々な地域　72

(1)　世界各地の人々の生活と環境　74

　　　(2)　世界の諸地域　80

　　C　日本の様々な地域　87

　　　(1)　地域調査の手法　89

　　　(2)　日本の地域的特色と地域区分　95

　　　(3)　日本の諸地域　102

　　　(4)　地域の在り方　107

第3節　歴史的分野の改善と授業構成　111

　1　歴史的分野の目標と内容の改善　111

　2　歴史的分野の授業構成のポイント　115

　3　指導内容の捉え方と授業　119

　　A　歴史との対話　119

　　　(1)　私たちと歴史　121

　　　(2)　身近な地域の歴史　125

　　B　近世までの日本とアジア　129

　　　(1)　古代までの日本　131

　　　(2)　中世の日本　136

　　　(3)　近世の日本　143

　　C　近現代の日本と世界　150

　　　(1)　近代の日本と世界　152

　　　(2)　現代の日本と世界　158

第4節　公民的分野の改善と授業構成　165

　1　公民的分野の目標と内容の改善　165

　2　公民的分野の授業構成のポイント　169

　3　指導内容の捉え方と授業　174

　　A　私たちと現代社会　174

　　　(1)　私たちが生きる現代社会と文化の特色　176

　　　(2)　現代社会を捉える枠組み　180

B　私たちと経済　183
         (1)　市場の働きと経済　185
         (2)　国民の生活と政府の役割　189
       C　私たちと政治　193
         (1)　人間の尊重と日本国憲法の基本的原則　195
         (2)　民主政治と政治参加　199
       D　私たちと国際社会の諸課題　203
         (1)　世界平和と人類の福祉の増大　205
         (2)　よりよい社会を目指して　210

第5節　指導計画の作成と内容の取扱い　214
第6節　資質・能力を見取る学習評価とカリキュラム・マネジメントの在り方　221
　1　資質・能力を見取る学習評価　221
　2　学習評価をカリキュラム・マネジメントに生かす　224

資料：中学校学習指導要領（平成29年3月）〔抜粋〕　227
編者・執筆者一覧

第1章

新学習指導要領の基本的な考え方

第1節 新学習指導要領の特色と構成

Q 平成29年に告示された新学習指導要領の特色と構成のポイントを教えてください。

新学習指導要領の特色と構成については多岐にわたるが，以下の4点を取り上げて確認してみたい。

1　資質・能力の三つの柱で目標・内容を再構成

新学習指導要領の特色の第1は，総則に教育課程全体が目指す資質・能力の三つの柱を示すと同時に，これらを第2章以下の各教科等の目標・内容構成に反映したことである。日本の学習指導要領は，これまで，各学校で取り扱うべき事項を第2章以下の各教科等の欄に示す方式をとってきた。そのため，特に義務教育段階にある小中学校では，学習指導要領に示す事項は，各学校において年間指導計画等に具体化し，卒業までに必ず取り扱うことが求められた。この内容重視の教育課程は，ともすれば習得した知識・理解をいかに再生するかという，知識・理解の習得・再生型の学力観に立つことになりがちであった。

今回の改訂では，各教科等の目標を三つの資質・能力に応じた形で示すと同時に，内容についても教科等によって示し方が異なるものの，資質・能力別に区分して示している。従前は，同じ内容を取り扱う際に，知識・理解や技能，思考力・判断力・表現力等の資質・能力を目標及び評価規準として設定し，授業として展開することが行われてき

た。今回の改訂によって，それぞれの指導事項ごとに目指す資質・能力が明確にされ，これらが指導計画に反映されるようになる。指導計画及び授業構成を進める際に，学習指導要領に示す資質・能力をどこでどのように実現しようとするのかを，より一層計画的に展開することが求められる。

2 「主体的・対話的で深い学び」の実現を目指す授業

上述の「1」が教育課程の構成に関わる改訂事項であったが，第2の特色は「主体的・対話的で深い学び」といった学習の姿を目標として示したことにある。しかもこの「主体的・対話的で深い学び」が生きる力の育成にかかる学校の教育活動全体にわたる位置に置かれたことも重要である。具体的には，学習指導要領の総則の，従前の「教育課程編成の一般方針」に当たる部分に，この学びの実現を図るための「授業改善」が明確にされた。いわば教育課程の編成・実施全体に関わる「学び」としての位置を与えたことが分かる。

それでは「主体的・対話的で深い学び」とは何か，どのような学びを指すのかが問題になる。このことについて，『中学校学習指導要領解説　総則編』（平成29年7月）では，中央教育審議会「幼稚園，小学校，中学校，高等学校及び特別支援学校の学習指導要領等の改善及び必要な方策等について」（平成28年12月21日）（以下，中教審答申）における「主体的・対話的で深い学び」の実現に向けた授業改善の視点を三つ挙げている。注意すべきは，これらの学びの意味するところは，全く新しい学びを意味するのではなく，「主体的」な学び，「対話的」な学び，「深い」学びの三つの視点から，これまでの意義ある学びをこの言葉で言い表したという点である。この意味で，今後は，この学びに合致する要件を吟味するといった定義的な発想に陥らないよう留意する必要がある。

次に,「主体的・対話的で深い学び」の「実現に向けた授業改善」とはどのようにして進めるかという点である。このことについて,学習指導要領では,各教科等の「指導計画の作成と内容の取扱い」の冒頭に次のように示されている。

> 〈中学校社会〉
> 単元など内容や時間のまとまりを見通して,その中で育む資質・能力の育成に向けて,生徒の主体的・対話的で深い学びの実現を図るようにすること。

ここでは,「主体的・対話的で深い学び」を「単元など内容や時間のまとまり」を通した授業の在り方として捉えていることが分かる。これらのことから,各教科等の年間指導計画や単元計画の作成に当たっては,「主体的・対話的で深い学び」の趣旨を生かすための学習問題や発問,学習活動等を計画的に位置付ける工夫が必要となる。

3　教科等の特質に応じた「見方・考え方」

続いて「主体的・対話的で深い学び」を目指す授業に関連して,教科等の目標に教科等の特質を踏まえた「見方・考え方」を働かせることが示された。この「見方・考え方」について,中教審答申では次のように記している。少し長いが次に引用する（下線は筆者）。

> ○　こうした各教科等の特質に応じた物事を捉える視点や考え方が「見方・考え方」であり,各教科等の学習の中で働くだけではなく,大人になって生活していくに当たっても重要な働きをするものとなる。私たちが社会生活の中で,データを見ながら

> 　考えたり，アイディアを言葉で表現したりする時には，学校教育を通じて身に付けた「数学的な見方・考え方」や，「言葉による見方・考え方」が働いている。各教科等の学びの中で鍛えられた「見方・考え方」を働かせながら，世の中の様々な物事を理解し思考し，よりよい社会や自らの人生を創り出していると考えられる。
> ○　前述のとおり，「見方・考え方」には教科等ごとの特質があり，各教科等を学ぶ本質的な意義の中核をなすものとして，教科等の教育と社会をつなぐものである。

　ここでは，「見方・考え方」とは，教科等が本来備えている物事を捉える「視点」「考え方」のこととしている。また，「各教科等を学ぶ本質的な意義の中核」としている。我々は日々の生活の中で，物事や事象を「言葉による見方・考え方」だけでなく，「数学的な見方・考え方」を用いたり，「社会的な見方・考え方」を用いたりしている。実際は「言葉」「数学」「社会」「理科」といったようには区分していないものの，学校教育で身に付けた各教科等なりの「見方・考え方」を生かして対処している。このように「見方・考え方」とは，各教科等を学ぶ教育的意義を実生活等との関連も踏まえながら明確にしたものと言える。

　各教科等の目標では，冒頭に「見方・考え方」を「働かせ」ることを示すと同時に，教科等の特質に応じた学習活動が示されている。中学校の社会科の場合は，「社会的な見方・考え方を働かせ，課題を追究したり解決したりする活動を通して，……」と記されている。「活動」の部分について，国語は「言語活動」，数学は「数学的活動」，理科は「見通しをもって観察，実験を行う」とされている。

　各教科等の「見方・考え方」の個々の内容がどのようなものかは，

中教審答申の参考資料や総則の『解説』から伺うことができるが，これらが全てではない。また，これまでの授業においても「見方・考え方」に当たるものを用いることは広く実施されてきた。今後は，生徒が学習の中で生かしてきた教科固有の「見方」「考え方」を，実際の生活や事象を捉える際に用いることができるように育てることが必要である。

4 その他の主な改訂事項

今回，各学校におけるカリキュラム・マネジメントを努力義務として示したことも特色と言える。総則ではカリキュラム・マネジメントの三つの側面を示しており，教育課程及び全体計画，各教科等の指導計画，授業構成等について，計画的な実施が求められることになる。

次に，教科等横断的な視点に立った資質・能力の育成を踏まえた教育課程の編成を求めている。言語能力，情報活用能力，問題発見・解決能力等の資質・能力を育成すること，現代的な諸課題に対応できる資質・能力の育成が示されている。これらの資質・能力を教育課程のどの場面，指導で育成するのか，指導計画や全体計画を活用した取組が求められる。

最後に，教育課程の編成と実施に当たって，学校段階間の円滑な接続を図ることも求められた。少なくとも各教科等の指導計画の作成に当たっては，生徒の学習状況の把握を進めると同時に，小学校の教育内容，高等学校の教育内容との接続の在り方について配慮することが必要である。

第2節 社会科系教科の改訂の概要と特色

> **Q** 小学校，中学校，高等学校を通した社会科系教科の改訂の概要と特色について，教えてください。

　小学校，中学校，高等学校を通した改訂の概要と特色について，まず小学校，中学校について整理し，その後で高等学校について概観する。

1　目標の示し方の改訂

　既に第1節でも確認したように，今回の改訂では，教育課程全体が目指す資質・能力の柱を各教科等の目標に貫いて示す方法がとられた。そのため，目標の示し方は，教科の総括的な目標を示すと同時に，目指す三つの資質・能力を(1)(2)(3)として箇条書きの形で示している。総括的な目標の部分は，次に掲げる内容であり，小学校と中学校とが共通となっている（「広い視野に立ち，」は中学校のみ）。

　社会的な見方・考え方を働かせ，課題を追究したり解決したりする活動を通して，広い視野に立ち，グローバル化する国際社会に主体的に生きる平和で民主的な国家及び社会の形成者に必要な公民としての資質・能力の基礎を次のとおり育成することを目指す。

「社会的な見方・考え方を働かせ」ること，及び「課題を追究したり解決したりする活動を通して」といったように学習活動の形を示すことによって，社会科の他の教科とは異なる特質を示している。

「社会的な見方・考え方」とは社会的事象や課題等を捉える際の社会科ならではの視点や方法，考え方であり，社会科としての共通性を持ちながら，小学校から中学校になるにつれて分化していくものとなっている。小学校は「社会的事象の見方・考え方」であり，中学校は，「社会的事象の地理的な見方・考え方」「社会的事象の歴史的な見方・考え方」「現代社会の見方・考え方」といったように各分野に即した「見方・考え方」として設定されている。

下表に示したように各教科等ごとの「見方・考え方」と活動を目標の冒頭に示すことによって，教育課程に示す各教科等の意義が明確にされることになった。別の見方をすると，各教科等を学ぶことによって教育課程全体としてどのような力が育まれるのかが明確にされたといってよい。

また，「国際社会」に「グローバル化する」が追加されるとともに，これまでの「公民的資質」から「公民としての資質・能力」と改められている。ここで「資質・能力」とされたのは，他の教科と共通であり，次に掲げる(1)(2)(3)として挙げる三つの資質・能力の目標につなげるためと推測される。これまでは，総括的に目標を示す形式であった

表　各教科（一部），総合的な学習の時間における「見方・考え方」と「活動」

国　語	言葉による見方・見方を働かせ，言語活動を通して，
社　会	社会的な見方・考え方を働かせ，課題を追究したり解決したりする活動を通して，
数　学	数学的な見方・考え方を働かせ，数学的活動を通して，
理　科	自然の事物・現象に関わり，理科の見方・考え方を働かせ，見通しをもって観察，実験を行うことなどを通して，
総合的な学習の時間	探究的な見方・考え方を働かせ，横断的・総合的な学習を行うことを通して，

ため,「公民的資質」でよかったが,今回は能力も含めた目標を具体的に示すことになったことから,「公民としての資質・能力」としたわけである。

2　内容構成の枠組みの整理

これまで小学校の社会科は社会的事象を総合的に扱う性格を持ち,一方中学校社会科は三つの分野によって構成されてきた。そのため,小学校の内容が中学校のどの部分につながるのかが分かりにくいという課題があった。改訂ではこの課題を解決するため,小・中学校の社会科の内容を次の三つの枠組みに基づき意味付けることが行われた。
① 　地理的環境と人々の生活
② 　歴史と人々の生活
③ 　現代社会の仕組みや働きと人々の生活

小学校社会科の場合,例えば第3学年の「(1) 身近な地域や市区町村の様子」は①の「地理的環境と人々の生活」に当たり,第4学年の「(4) 県内の伝統や文化,先人の働き」は②の「歴史と人々の生活」に該当する。これらの内容は中学校の各分野の学習につながっていく。

このように三つの枠組みによって意味付けることの効果としては,小学校と中学校の指導内容を関連付けると同時に,そこで用いられる「見方・考え方」についてもつながりや発展の側面から整理することができることである。

3　資質・能力に応じた内容の示し方

目指す資質・能力を実現する観点から,各指導内容を「知識及び技能」に関わる事項と「思考力,判断力,表現力等」に関わる事項とに分けて示す改善が行われた。小学校社会科(第5学年)の場合,例え

ば次のような示し方となっている。

> (3) 我が国の工業生産について，学習の問題を追究・解決する活動を通して，次の事項を身に付けることができるよう指導する。
> 　ア　次のような<u>知識及び技能</u>を身に付けること。
> 　　(ｱ)……。(ｲ)……。(ｳ)……。(ｴ)……。
> 　イ　次のような<u>思考力，判断力，表現力等</u>を身に付けること。
> 　　(ｱ)……。(ｲ)……。(ｳ)……。

　中学校社会科の場合は，小学校の「学習の問題を追究・解決する活動を通して」の部分が，「課題を追究したり解決したりする活動を通して」とされている。「知識及び技能」「思考力，判断力，表現力等」をそれぞれ「身に付けることができるよう指導する」の表現も小学校の場合と同じである。
　ところで，中学校社会科の示し方については，分野や大項目（A，B，C…）によって中項目ごとの学習対象が明確なものとそうでないものとがある。

> 〈地理的分野「A　世界と日本の地域構成」〉
> (1)　地域構成
> 　　次の①と②の地域構成を取り上げ，位置や分布などに着目して，課題を追究したり解決したりする活動を通して，以下のア及びイの事項を身に付けることができるよう指導する。
> 　①　世界の地域構成　　②　日本の地域構成
> 　ア（略）
> 　イ（略）

〈歴史的分野「A 歴史との対話」〉
(1) 私たちと歴史
　　課題を追究したり解決したりする活動を通して，次の事項を身に付けることができるよう指導する。
ア（略）
イ（略）

　地理的分野のAの場合，中項目で取り上げる学習の対象の概略が示されているが，歴史的分野のAの場合，どのような事項を取り上げるのかは，最初には示されていない。従前の「(1) 歴史のとらえ方」の「ア」では，「我が国の歴史上の人物や出来事などについて調べたり考えたりするなどの活動」といったように学習対象が示されていた。今回の示し方では，それぞれの「知識及び技能」及び「思考力，判断力，表現力等」を「身に付ける」と記した(ア)(イ)などの部分から，学習対象を読み取って設定することになる。

　以上見てきたように，内容が資質・能力別に区分して示されることになったために，指導計画を作成する際には，これまでとは異なる工夫が必要となる。まず，中項目などの内容について，指導内容・指導事項を具体的に設定し，その後，知識と技能，思考力，判断力，表現力等をどのような学習活動を通して育てるのかを検討し，授業の構成に反映するようにしたい。

4　社会科における主体的・対話的で深い学び

　主体的・対話的で深い学びの実現については，他の教科等と同様，「第3 指導計画の作成と内容の取扱い」において，「単元など内容や時間のまとまりを見通して，その中で育む資質・能力の育成に向け

て，生徒の主体的・対話的で深い学びの実現を図る」ことが明記されている。また，既に確認したように社会科の目標に「社会的な見方・考え方を働かせ，課題を追究したり解決したりする活動を通して」と，「見方・考え方を働かせ」ることや課題追究的な活動が掲げられている。特に後者の課題追究的な活動は，全ての大項目や中項目に記されている。また，各分野の「内容の取扱い」においても分野の特色を踏まえた学習活動が示されている。

これらのことを踏まえると，社会科における主体的・対話的で深い学びの充実を図るためには，次の点に配慮する必要がある。

第1は，これまでも取り組まれてきたことであるが，授業構成を単純に指導事項に即して構成するのではなく，その単元で身に付ける知識や技能，思考力，判断力，表現力等を明確にし，その習得を図るような授業構成を検討することである。その際，「見方・考え方」をどこでどのように生かすようにするのか，予め見通しを持った構成とすることが必要である。

第2に，課題の追究と解決の活動を組み込んだ授業構成を常に準備することである。課題の追究の過程で，生徒自身による調べ学習や話し合い，発表や討論などが行えるような授業のプロセスを重視することである。その際，学習活動が自己目的化することなく，目標の実現に常につながるよう吟味することが必要である。

5 高等学校における科目構成の見直し

高校の教育課程の改革は，高大接続の改革と同時に，いわゆるアクティブ・ラーニングの充実や，これまで進められてきた中学校までの改革を高校においても具体化することをその背景としている。地理歴史においては，歴史総合，地理総合，日本史探究，世界史探究，地理探究が新設される。公民科においては，これまでの現代社会を廃止し，

公共が新設される。

　これらの新しい科目においても,「見方・考え方」を働かせることや主体的・対話的で深い学びの実現が求められることになる。平成32 (2020) 年度からは新しい「大学入試共通テスト」が実施される予定であり, このテストの内容についても課題解決的な題材や思考力・判断力を問う問題がより充実されることが予想される。特に, 小・中・高等学校を通じて, 最終の学習になることが予想される「探究」の科目においては, これまで学習してきた知識や技能,「見方・考え方」を総動員して課題解決に向けた探究的な学びが行われることになる。中学校の社会科では, 小学校までの学習をどのように受け継ぎ深めるのか, また, 高等学校の学びにいかにつなげていくのか, 円滑な接続と一貫性を踏まえた授業の展開を進めたいものである。

第3節
中学校社会科の改訂のポイントと特色

Q 今回の改訂はどのような背景の下,何を目指して行われましたか。中学校社会科の改訂のポイントと特色を教えてください。

　平成25（2013）年6月に閣議決定された第2期教育振興基本計画で示された「自立」「協働」「創造」「生涯学習社会」はこれからの教育の方向を示すものとなった。平成26（2014）年11月には,文部科学大臣から中央教育審議会に対して,「初等中等教育における教育課程の基準等の在り方について」の諮問がなされ,「アクティブ・ラーニング」という用語が4回使用されたために話題となった。平成28（2016）年には文部科学大臣メッセージ「教育の強靭化に向けて」が出され,その中で「学習内容の削減を行うことはしない」「学習過程の質的改善を行う」という方針が示された。また,学校教育法第30条第2項に示されている「知識・技能」「思考力・判断力・表現力等」「主体的に学習に取り組む態度」は「学力の3要素」として,校種や教科・領域を超えて共通の指針となっている。

　この流れの中で,平成29（2017）年3月,新学習指導要領が告示された。今回の改訂は,子供が地域で成長することを鑑み,「学びの連続性」が従来よりも一層重視されている。世界の教育の動きにも着目し,「資質・能力の育成」を目指すために他教科や領域との連携も重視している。いわば,子供の成長過程を教育に関わる大人がみんなで協力して見守る「縦の教育」と,育成を目指す資質・能力を総合的に育てる教科や領域等の関連を図る「横の教育」の両方を求めていると

言えるのではないか。この点を踏まえながら，中学校社会科の改訂のポイントを中教審答申と『中学校学習指導要領解説　社会編』（以下，『解説』）を中心に見ていく（中教審答申別添3－1／本書pp.18-19）。

1　現行学習指導要領にみられる課題等

　今回の改訂のキーワードの一つに「2030年の社会」がある。新学習指導要領が全面実施になってからの10年後となる2030年の社会とその先の豊かな未来が予測不可能な社会であることを誰もが感じている。また，中教審答申の「社会，地理歴史，公民」の内容の見直しでは，「主体的に社会の形成に参加しようとする態度」や「社会的事象の特色や意味などについて比較したり関連付けたり多面的・多角的に考察したりして表現したりする力」の育成が不十分であるとしている。
　そこで，「社会との関わりを意識して課題を追究したり解決したりする活動を充実し，知識や思考力等を基盤として社会の在り方や人間としての生き方について選択・判断する力，自国の動向とグローバルな動向を横断的・相互的に捉えて現代的な諸課題を歴史的に考察する力，持続可能な社会づくりの観点から地球規模の諸課題や地域課題を解決しようとする態度など，国家及び社会の形成者として必要な資質・能力を育んでいくこと」が求められている。

2　社会科の目標と「社会的な見方・考え方」

　社会科の教科目標の柱書には，「社会的な見方・考え方を働かせ，課題を追究したり解決したりする活動を通して，広い視野に立ち，グローバル化する国際社会に主体的に生きる平和で民主的な国家及び社会の形成者に必要な公民としての資質・能力の基礎を次のとおり育成することを目指す」と示されている。「社会的な見方・考え方」とは，今回の

改訂のキーワードでもあり,「視点や方法（考え方）」と言われている。各教科には固有の物事を捉える「見方・考え方」があり,中学校社会科では分野ごとの目標にも,地理的分野では「社会的事象の地理的な見方・考え方を働かせ」,歴史的分野では「社会的事象の歴史的な見方・考え方を働かせ」,公民的分野では「現代社会の見方・考え方を働かせ」というようにそれぞれ示されている。地理的分野では「位置」や「空間的な広がり」に着目し,歴史的分野では「時期」や「推移」に着目し,公民的分野では「政治や法,経済などに関わる多様な視点（概念や理論など）」に着目して捉えるようになっている。なお,分野目標の柱の後半は「公民としての資質・能力の基礎」に文言が統一され,小学校の社会科の目標もほぼ同じである。中学校社会科の目標に「広い視野に立ち」が入っている点が違っている。また,中学校社会科の目標の「次のとおり」以下は,学校教育法第30条第2項の規定を踏まえ,「知識及び技能」「思考力,判断力,表現力等」「学びに向かう力,人間性等」が置かれている。「学びに向かう力,人間性等」とは,「主体的に学習に取り組む態度」「多面的・多角的な考察や深い理解を通して涵養される自覚や愛情など」として,「全体としてまとめて示し,項目ごとには内容を示さないことを基本とし」て記述されている。

内容構成の改善では,大項目を,A,B,C…の順で示し,中項目を(1),(2),(3)…,さらに小項目を①,②,③…の順で示している。分野間で共通して内容のまとまりとなる中項目において,ア,イを置いて,原則的に「知識及び技能」,「思考力,判断力,表現力等」の順でねらいが記載されている（中教審答申別添3-4／本書p.20）。

3　主体的・対話的で深い学び

「主体的・対話的で深い学び」は,「方式化された授業の方法や技術ではなく,授業改善の考え方として捉えるべき」とある。特に,「深

い学び」については,「社会的な見方・考え方」を働かせた考察,構想や,説明,議論等の学習が組み込まれた,課題を追究したり解決したりする活動が不可欠であるとしている。学習過程としては,課題把握,課題追究,課題解決の三つがあり,それらを構成する活動の例としては,動機付けや方向付け,情報収集や考察・構想,まとめや振り返りなどが考えられている(中教審答申別添3-6／本書p.21)。

中学校社会科における三分野それぞれの特質に応じた視点の例や視点を生かした考察や構想(選択・判断)に向かう「問い」の例なども整理されている。これらを生かした授業改善を積極的に行うことが必要である。

4　考察・構想について

一般的に「思考力,判断力,表現力等」と言われているが,「判断力」を明記している教科は少ない。社会科では社会的な判断力が考えられるが,従来,思考力や表現力に比べて意識して取り上げているとは言い難い。今回の改訂で「判断力」について,「構想」という用語が示された。いずれも課題について「多面的・多角的に考察,構想し,表現すること」としている。そのために,地理的分野,歴史的分野については学習の最後に置かれている。社会科のまとめとなる公民的分野では,「B 私たちと経済」「C 私たちと政治」「D 私たちと国際社会の諸課題」に置かれ,さらにDの「(2) よりよい社会を目指して」では,「課題を多面的・多角的に考察,構想し,自分の考えを説明,論述すること」と示されている。「構想」は,「選択・判断」と示されているように価値認識を含んでいる。「よりよい学校教育を通してよりよい社会を創るという目標を学校と社会が共有し」「現実の社会的事象を扱うことのできる社会科ならではの」主権者教育,社会参画意識の涵養をしていくことが求められている。

第1章　新学習指導要領の基本的な考え方

別添3－1

社会科、地理歴史科、公民科における教育のイメージ

公民科

◎社会的な見方・考え方を働かせ、課題を追究したり解決したりする活動を通して、広い視野に立ち、グローバル化する国際社会に主体的に生きる平和で民主的な国家及び社会の有為な形成者に必要な公民としての資質・能力を次のとおり育成することを目指す。

① 選択・判断の手掛かりとなる概念や理解、及び倫理、政治、経済等に関わる諸課題に関して諸資料から様々な情報を効果的に調べまとめる技能等を活用して多面的・多角的に考察したり、事実を基に概念等を活用して構想したりする力、合意形成や社会参画を視野に入れながら構想したことを議論する力を養う。

② 現代の諸課題について、解決に向けて多面的・多角的に考察や深い理解を通して涵養される、人間としての在り方生き方についての自覚や、国民主権を担う公民として、自国を愛し、その平和と繁栄を図ることや、各国が相互に主権を尊重し、各国民が協力し合うことの大切さについての自覚等を深めるようにする。

地理歴史科

◎社会的な見方・考え方を働かせ、課題を追究したり解決したりする活動を通して、広い視野に立ち、グローバル化する国際社会に主体的に生きる平和で民主的な国家及び社会の有為な形成者に必要な公民としての資質・能力を次のとおり育成することを目指す。

① 日本史及び世界の歴史の展開と生活・文化の地域的特色に関する諸事象に関して諸資料から様々な情報を調べまとめる技能等を活用して多面的・多角的に考察したり、概念等を活用して構想したりする力、それらを基に議論する力を養う。

② 地理や歴史に関わる諸課題の解決を効果的に説明したり、それらを基に議論したりする力を養うようにする。

③ 地理や歴史に主体的に関わる諸事象について、よりよい社会の実現を視野に課題を主体的に解決しようとする態度を養うとともに、多面的・多角的な考察や深い理解を通して涵養される我が国の国土や歴史に対する愛情、他国や他国の文化を尊重することの大切さについての自覚等を深めるようにする。

【高等学校】

【中学校】社会科

◎社会的な見方・考え方を働かせ、課題を追究したり解決したりする活動を通して、広い視野に立ち、グローバル化する国際社会に主体的に生きる平和で民主的な国家及び社会の形成者に必要な公民としての資質・能力を次のとおり育成することを目指す。

① 我が国の国土と歴史、現代の政治、経済、国際関係等に関して理解するとともに、調査や諸資料から様々な情報を効果的に調べまとめる技能を身に付けるようにする。

② 社会的事象の意味や意義、特色や相互の関連を多面的・多角的に考察したり、社会に見られる課題の解決に向けて選択・判断したりする力、思考・判断したことを説明したり、それらを基に議論したりする力を養う。

③ 社会的事象について、よりよい社会の実現を視野に課題を主体的に解決しようとする態度を養うとともに、多面的・多角的な考察や深い理解を通して涵養される我が国の国土や歴史に対する愛情、国民主権を担う公民として、自国を愛し、その平和と繁栄を図ることや、他国や他国の文化を尊重することの大切さについての自覚などを深める。

● 主体的に社会の形成に参画し、その発展に寄与しようとする態度を養うとともに、多面的・多角的な考察や深い理解を通して涵養される、持続可能な社会づくりの観点から課題解決しようとする学習の充実を図る。地理的分野については、グローバル化に対応した世界の歴史の学び方を充実させ、持続可能な社会づくりの観点から様々な課題について考察し表現したりするなどの課題解決への手掛かりとする指導の充実を図る。歴史的分野では、概念を身に付けたり資料を現実の社会的事象と関連付けて理解を得たりする指導の充実、公民的分野の充実を図る。

第3節　中学校社会科の改訂のポイントと特色

[小学校] 社会科（第3～6学年）

◎社会的な見方・考え方を働かせ、課題を追究したり解決したりする活動を通して、グローバル化する国際社会に主体的に生きる平和で民主的な国家及び社会の形成者に必要な公民としての資質・能力の基礎を育成することを目指す。

①地域や我が国の地理的環境、現代社会の仕組みや働き、地域や我が国の歴史的な背景と文化について理解するとともに、調査や諸資料から情報を適切に調べまとめる技能を身に付けるようにする。
②社会的事象の特色や相互の関連、意味について多角的に考える力、社会に見られる課題を把握して、その解決に向けて社会への関わり方を選択・判断する力、思考・判断したことを適切に表現する力を養う。
③社会的事象について、よりよい社会を考え主体的に問題解決しようとする態度を養うとともに、多角的な考察や理解を通して涵養される地域社会に対する誇りと愛情、地域社会の一員としての自覚、我が国の国土や歴史に対する愛情、我が国の将来を担う国民としての自覚、世界の国々の人々と共に生きていくことの大切さについての自覚等を養う。

◇世界の国々との関わりや我が国の政治の働きへの関心を高める学習、社会に見られる課題を考える学習の発展として他者と協働して問題解決的な学習の充実を図る。災害における地方公共団体の働き、地域の人々の工夫や努力、追究結果を振り返るなど、社会の発展を考える学習の充実を図る。災害に基づく適切な行動の在り方等に関する指導の充実を図る。問題解決の見通しを持って他者と協働して追究し、地理的・歴史的観点を踏まえた災害に関する理解、防災情報に基づく適切な行動の在り方等に関する指導の充実を図る。

[小学校] 生活科（第1，2学年）

○自分と身近な人々及び地域の様々な場所、公共物などの関わりに関心を持ち、地域のよさに気付き、集団や社会の一員として自分の役割や行動の仕方について考え、安全で適切な行動ができるようにするとともに、身近な人々、社会及び自然との関わりを深めることを通して、自分のよさや可能性に気付き、意欲と自信を持って生活することができるようにする。
○身近な人々、社会及び自然に関する活動の楽しさを味わうとともに、それらを通して気付いたことや楽しかったことなどについて、言葉、絵、動作、劇化などの方法により表現し、考えることができるようにする。

幼児教育
（※幼児期の終わりまでに育ってほしい姿のうち、特に関係のあるものを記述）

○してよいことや悪いことが分かり、相手の立場に立って行動するようになり、自分の気持ちを調整し、友達と折り合いを付けながら、決まりを守る必要性が分かり、決まりを作ったり守ったりするようになる。
○遊びや生活に必要な情報を取り入れ、情報に基づき判断したり、情報を伝え合ったり、活用したりするなど、情報を取捨選択して役立てながら活動するようになるとともに、公共の施設を大切に利用したりなどして、社会とのつながりなどを意識するようになる。
○身近な事象に積極的に関わり、物の性質や仕組み等を感じ取ったり気付いたりする中で、思い巡らしたり予想したりするなど多様な関わりを楽しむようになるとともに、友達など様々な考えに触れる中で、自ら判断したり考え直したりなどして、新しい考えを生み出す喜びを味わいながら、自分の考えをよりよいものにするようになる。

19

第1章 新学習指導要領の基本的な考え方

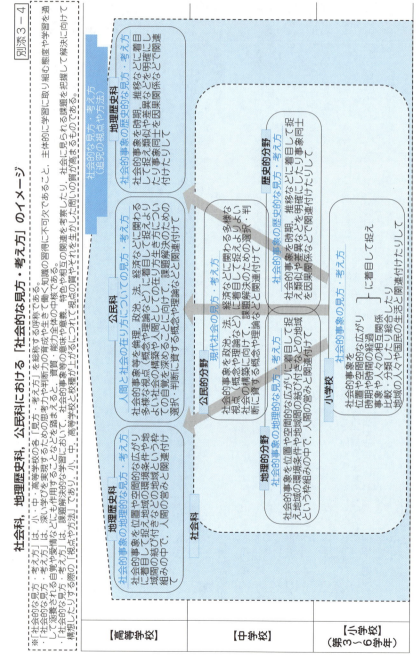

第3節 中学校社会科の改訂のポイントと特色

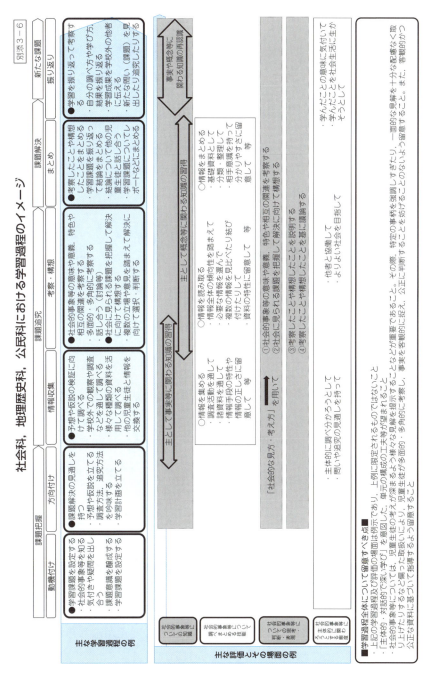

第4節 「社会に開かれた教育課程」と中学校社会科の展開

Q 「社会に開かれた教育課程」が求められている背景や，中学校社会科における取組のポイントを教えてください。

1　新学習指導要領の枠組み

　本稿では，中教審答申（平成28年12月）に示された「社会に開かれた教育課程」という新学習指導要領の枠組みについて検討した上で，それに基づいた中学校社会科の授業づくりはどのようなものになるかということについて具体的に論じていきたい。

　平成29（2017）年3月に示された小中学校の新学習指導要領は，グローバル化やAIの登場に象徴される情報化などによって，社会や時代がこれから予測困難な変化をすることを踏まえて，学校教育の在り方や学力の捉え方を大きく転換させたものになっている。そのように設定された方針の中でも中核となるものが，「社会に開かれた教育課程」という枠組みである。これまでにも，学校を社会に開くという取組はなされてきている。特に，「総合的な学習の時間」の導入以降，地域社会と連携した教育活動も数多く見られるようになっている。今回の「社会に開かれた教育課程」とは，そのような取組よりもさらに踏み込んだものである。教育課程を社会に開くとは，どのようなことを意味しているのか，学校や教師にどのような変化が求められているのか，本稿ではこれらの課題を明らかにしていく。

2 「社会に開かれた教育課程」とは

中教審答申では,「社会に開かれた教育課程」として,以下の三点が重要になると述べている。

> ① 社会や世界の状況を幅広く視野に入れ,よりよい学校教育を通じてよりよい社会を創るという目標を持ち,教育課程を介してその目標を社会と共有していくこと。
> ② これからの社会を創り出していく子供たちが,社会や世界に向き合い関わり合い,自らの人生を切り拓いていくために求められる資質・能力とは何かを,教育課程において明確化し育んでいくこと。
> ③ 教育課程の実施に当たって,地域の人的・物的資源を活用したり,放課後や土曜日等を活用した社会教育との連携を図ったりし,学校教育を学校内に閉じずに,その目指すところを社会と共有・連携しながら実現させること。

第一の「目標を社会と共有」という点が,従来から取り組まれてきた学校を社会に開くという取組と,今回求められている「社会に開かれた教育課程」の違いを明確に表しているだろう。これまでの取組は,学校が設定した教育目標をより効果的に達成するために,学校外の様々な教育資源を活用するための社会との連携であった。しかし,今回求められているのは,目標それ自体をも社会と共有することである。そして,そのためには学校と社会との連携・協働が不可欠である。第二点には,そのように共有すべき目標とはどのようなものかということが述べられている。目標は何を学ぶかではなく,学習を通して何を身に付けるかである。そのための資質について,社会を創り出し,

社会や世界に向き合い関わり合い，人生を切り拓いていくものという説明がなされている。このような資質・能力は，学校だけで育成し得るものではない。三点目には地域の人的・物的資源を活用したり，社会教育との連携を図ったりして，学校と社会が目標を共有・連携しながら実現していくことが必要であると述べられている。

このような「社会に開かれた教育課程」の理念の下で，子供の資質・能力を育むために求められているものが，「カリキュラム・マネジメント」である。答申では，「カリキュラム・マネジメント」について，以下の三つの側面から説明がなされている。

---

① 各教科等の教育内容を相互の関係で捉え，学校教育目標を踏まえた教科等横断的な視点で，その目標の達成に必要な教育の内容を組織的に配列していくこと。
② 教育内容の質の向上に向けて，子供たちの姿や地域の現状等に関する調査や各種データ等に基づき，教育課程を編成し，実施し，評価して改善を図る一連のPDCAサイクルを確立すること。
③ 教育内容と，教育活動に必要な人的・物的資源等を，地域等の外部の資源も含めて活用しながら効果的に組み合わせること。

ここでは，教科横断的な視点で必要な教育の内容を組織的に配列していくというように，学校が主体的に教育課程を作り上げていくことが求められている。その上で，教育課程を調査や各種データ等に基づいて改善を図っていく必要がある。さらに，教育課程の実施に当たっては，学校外の資源を活用するなど，学校と地域が連携をして効果的に教育活動を展開することも必要である。

以上のように，答申で示された「社会に開かれた教育課程」という

理念が含意しているのは，学校は子供が社会に出る前に教育を行うところという発想ではなく，社会で活躍できる資質・能力を育むために，地域社会と学校が一体となって子供の教育に関わり，目標の設定から教育課程の作成，実施，改善を行っていくということである。学校にも教師にも，学校の中で通用する価値観ではなく，学校外の価値観に基づいて子供の教育を考え，実践していくことが求められるようになっているのである[1]。

3　18歳選挙権時代と「社会に開かれた教育課程」

　公職選挙法が改正され，平成28（2016）年から選挙権年齢が18歳に引き下げられた。この18歳選挙権時代の到来と，学習指導要領改訂に向けた動きが同時であったことは偶然とは言えないのではないか。選挙権年齢の18歳への引き下げは，高校3年生が投票するようになるということで注目をされ，主権者教育の重視が求められ，総務省と文部科学省は，そのための副教材『私たちが拓く日本の未来』を作成して，全ての高校生に配布をした。副教材には，国家・社会の形成者として求められる力が示されている。

○論理的思考力（とりわけ根拠をもって主張し他者を説得する力）
○現実社会の諸課題について多面的・多角的に考察し，公正に判断する力
○現実社会の諸課題を見出し，協働的に追究し解決（合意形成・意思決定）する力
○公共的な事柄に自ら参画しようとする意欲や態度

　このように，副教材においては，現代社会の諸課題を他者とともに追究して，公正に判断した上で解決をする力の育成が求められている。

解決に当たっては，その解決策が自分のためだけではなく社会全体のためになるものであるかどうか，公正に判断することが必要であり，その上でその解決策について合意を形成したり意思を決定したりすることが必要とされている。最後に公共的な事柄に自ら参画しようとする意欲や態度が挙げられているように，副教材で育成しようとしている力は，閉ざされた学校という空間の中だけで育成し得るものではない。学校外の様々な世代，様々な立場の人々と関わりを持ち，その人々の多様な価値観や考え方に触れながら，その違いを越えてつながりを持ち，問題解決に向けて協働で取り組むことの大切さや楽しさを実感させることが不可欠である。教育を通して公共的な空間を生徒自らが形成していく体験が，主権者育成の基盤を作っていくと考えられているのである。

副教材には，模擬選挙，模擬請願，模擬議会などのアクティブ・ラーニング型の学習が提示されているが，単に，そのような活動を教室の中で体験すれば主権者としての資質や能力が身に付くわけではない。副教材では，これらの学習の前に「地域課題の見つけ方」という学習が紹介されている。すなわち，模擬選挙などの能動的な学習を形式的に取り入れるだけではなく，地域社会と連携をして，実際に地域課題に触れ，それを解決するための取組の一環として，模擬選挙などの学習に取り組ませることが重要であると考えられているのである。

副教材が配布された後，このような学習を取り入れたいがそのための時間がないという声がよく聞かれた。しかし，副教材の内容は，決してそのために特別な時間を用意して行うことを求めるものではない。通常の教育課程の中で，教科の学習を見直し主権者教育につながるものに改善していくためのものである。副教材では教科，特に主権者教育に直接つながる社会科系の教科の学習を，学校の外の様々な価値観や考え方に触れることができる，社会に開かれたものにしていくための方法が示されているのである。副教材自体は高校生用に作成さ

れたものであるが，副教材が目指す理念は中学校，さらには小学校にも通じる。18歳選挙権時代の到来が，学校を社会に開かれたものにすることを副教材は体現していると言えるだろう。

4 中学校社会科における「社会に開かれた教育課程」の実践

中学校社会科において，地域の課題解決に取り組ませる「社会に開かれた教育課程」の考えに基づく授業を無理なく実践するには，教科書に示された制度や仕組みを理解させるだけではなく，その背後にある見方・考え方を使って社会の課題を考えさせる学習を展開する必要がある。ここでは，公民的分野の事例を紹介したい。

授業は2時間構成で，概要は以下のとおりである[2]。

1．単元名 「神戸ルミナリエ存続問題について考えよう」
2．目標 地方公共団体における課題（ルミナリエ存続問題）について，多面的・多角的に考察し，習得した知識を活用して課題の解決に向けた取組を評価し，自分の考えを表現することができる。
3．単元の展開
（第一時）
　・神戸ルミナリエ開催の目的は何か。
　・地方分権とは何か。地方分権化が推進されている背景には何があるか。
　・私たちの税金は何に使われているのか。
（第二時）
　・地方財政の悪化はどのような問題を引き起こすか。
　・神戸市の財政はどのようになっているか。税金は何に使われ

・神戸ルミナリエに支出されている補助金の使い方は妥当だろうか。神戸ルミナリエは継続すべきか，廃止すべきか。

　開発単元で取り上げている神戸ルミナリエとは，神戸市の旧居留地において毎年12月に開催されているイルミネーションを中心とする祭典である。阪神・淡路大震災の鎮魂と追悼，街の復興を祈念して開催されていた。授業では，多額の税金が補助金としてつぎ込まれている神戸ルミナリエが，鎮魂と追悼，街の復興という当初の目的から少しずつ外れていきながらも開催されている事実を踏まえて，それでもなお存続させるべきか，それとも廃止すべきかを考えさせている。第一時の地方自治や税に関する学習を踏まえて，第二時では，財政の負担や受益の公正さに関わる見方・考え方を使って，神戸市そして市民が直面している論争的な問題について考察し，自分なりの判断を求めている。解決策をめぐる話合いはクラスの中で行われているが，「社会に開かれた教育課程」の理念にさらに近づこうとするならば，問題に直接関わっている市民や行政の方の意見も反映された話合いにしたいところである。

　「社会に開かれた教育課程」は，試験や進学のための学習を，社会で活躍できる市民を育てるためのものに変える契機である。その実現のためには，教師の学習に対する発想の転換が強く求められている。

【参考文献】
1）フレッド・M・ニューマン著，渡部竜也他訳『真正の学び／学力』春風社，2017年
2）井上昌善「公民的分野における『思考・判断・表現』の実践・評価と改善」『社会科における「思考・判断・表現」の評価に関する研究』公益財団法人日本教材文化研究財団調査研究シリーズNo61，2014年，pp.101-126

第5節 中学校社会科で育てる資質・能力

Q 中学校社会科で育成を目指す資質・能力とはどのようなものですか。地理的分野，歴史的分野，公民的分野の各分野で育成を目指す資質・能力についても教えてください。

1 新学習指導要領で育成を目指す資質・能力

　新学習指導要領では，学習者である子供の視点に立ち，教育課程全体や各教科等の学びを通じて「何ができるようになるのか」という観点から，育成を目指す資質・能力を整理した。その上で，整理された資質・能力を育成するために「何を学ぶか」という必要な指導内容等を検討し，その内容を「どのように学ぶか」という子供たちの具体的な学びの姿を考えて構成された。

　そして，育成を目指す資質・能力は，次の三つの柱で整理された。

① 何を理解しているか，何ができるか（生きて働く「知識・技能」の習得）
② 理解していること・できることをどう使うか（未知の状況にも対応できる「思考力・判断力・表現力等」の育成）
③ どのように社会・世界と関わり，よりよい人生を送るか（学びを人生や社会に生かそうとする「学びに向かう力・人間性

等」の涵養）

　この三つの柱は，学校教育法第30条第２項が定める学校教育において重視すべき三要素（「知識・技能」「思考力・判断力・表現力等」「主体的に学習に取り組む態度」）とも共通しているものである。

2　社会科，地理歴史科，公民科において育成する資質・能力

　求められる資質・能力を確実に育むことができるように，育成を目指す資質・能力を三つの柱で整理するとともに，教科等の目標や内容についても，この三つの柱に基づいて再整理が図られた。社会科，地理歴史科，公民科における教育目標は，従前の目標の趣旨を勘案して「公民としての資質・能力」を育成することとした。そして，その資質・能力の具体的な内容を「知識・技能」「思考力・判断力・表現力等」「学びに向かう力・人間性等」の三つの柱で整理した。

　その際，高等学校地理歴史科，公民科では，広い視野に立ち，グローバル化する国際社会に主体的に生きる平和で民主的な国家及び社会の有為な形成者に必要な公民としての資質・能力を，小・中学校社会科ではその基礎をそれぞれ育成することが必要であるとした。

　社会科，地理歴史科，公民科において育成する資質・能力の具体的な内容は以下のとおりである。

○**知識・技能**　社会的事象等に関する理解などを図るための知識と社会的事象等について調べまとめる技能
○**思考力・判断力・表現力等**　社会的事象等の意味や意義，特色や相互の関連を考察する力，社会に見られる課題を把握して，

> その解決に向けて構想する力や，考察したことや構想したことを説明する力，それらを基に議論する力
> ○**学びに向かう力・人間性等**　主体的に学習に取り組む態度と，多面的・多角的な考察や深い理解を通して涵養される自覚や愛情など

3　資質・能力を育成する学びの過程についての考え方

　三つの柱に沿った資質・能力を育成するためには，課題を追究したり解決したりする活動の充実が求められる。社会科においては従前，小学校で問題解決的な学習の充実，中学校で適切な課題を設けて行う学習の充実が求められており，それらの趣旨を踏襲することになる。
　そうした学習活動を充実させるための学習過程の例としては，大きくは課題把握，課題追究，課題解決の三つが考えられる。また，それらを構成する活動の例としては，動機付けや方向付け，情報収集や考察・構想，まとめや振り返りなどの活動が考えられる（中教審答申別添3－6／本書p.21を参照）。

4　中学校社会科で育成を目指す資質・能力

　中教審答申では，中学校社会科で育成を目指す資質・能力を以下のように示している（中教審答申別添3－1／本書p.18も参照）。

◎社会的な見方・考え方を働かせ,課題を追究したり解決したりする活動を通して,広い視野に立ち,グローバル化する国際社会に主体的に生きる平和で民主的な国家及び社会の形成者に必要な公民としての資質・能力の基礎を次のとおり育成することを目指す。

① 我が国の国土と歴史,現代の政治,経済,国際関係等に関して理解するとともに,調査や諸資料から様々な情報を効果的に調べまとめる技能を身に付けるようにする。(知識・技能)

② 社会的事象の意味や意義,特色や相互の関連を多面的・多角的に考察したり,社会に見られる課題の解決に向けて選択・判断したりする力,思考・判断したことを説明したり,それらを基に議論したりする力を養うようにする。(思考力・判断力・表現力等)

③ 社会的事象について,よりよい社会の実現を視野に課題を主体的に解決しようとする態度を養うとともに,多面的・多角的な考察や深い理解を通して涵養される我が国の国土や歴史に対する愛情,他国や他国の文化を尊重することの大切さについての自覚等を深めるようにする。(学びに向かう力・人間性等)

●主体的に社会の形成に参画しようとしたり,資料から読み取った情報を基にして社会的事象について考察し表現したりするなどの課題解決的な学習の充実を図る。

◇地理的分野では,地理的技能の育成を一層重視するとともに,持続可能な社会づくりの観点から様々な課題を考察させ,歴史的分野では,グローバル化に対応する観点から世界の歴史の扱いを充実させ,公民的分野については,社会参画への手掛かりを得させるために身に付けた概念を現実の社会的事象と関連付けて理解させる指導の充実を図る。

※( )部分は,筆者追記。

5　中学校社会科各分野で育成を目指す資質・能力

上記を踏まえて，中教審答申では，中学校社会科各分野で育成を目指す資質・能力を以下のように整理している（別添3－2）。

(1)　地理的分野

ア　知識・技能
- 我が国の国土とともに世界の諸地域における地理に関する理解（日本や世界の地域構成，日本を含む世界の環境と生活の多様性，州単位の世界地誌，地方単位の日本地誌，身近な地域の調査）
- 地図や景観写真などの諸資料から，地理に関する情報を効果的に収集する・読み取る・まとめる技能

イ　思考力・判断力・表現力等
- 地理に関わる事象の意味や意義，特色や相互の関連を多面的・多角的に考察したり，地域に見られる課題を把握し，複数の立場や意見を踏まえて選択・判断したりする力
- 趣旨が明確になるように内容構成を考え，自分の考えを論理的に説明したり，それらを基に議論したりする力

ウ　学びに向かう力・人間性等
- 日本や世界の諸地域，自分たちが生活している身近な地域に関する社会的事象について主体的に調べ分かろうとして課題を意欲的に追究する態度
- 地域の地理的な諸課題の解決を視野に社会に関わろうとする態度
- 多面的・多角的な考察や深い理解を通して涵養される自覚や愛情等（身近な地域や我が国の国土に対する愛情，世界各地の異なる多様な生活文化を尊重しようとする自覚）

(2) 歴史的分野

ア 知識・技能
- 各時代の特色を踏まえた我が国の歴史（直接的な関わりや間接的な影響を及ぼす世界の歴史を含む）に関する理解
（歴史上の人物との文化遺産，伝統と文化の特色，歴史に見られる国際関係や文化交流のあらまし）
- 年表などの諸資料から，歴史に関する情報を効果的に収集する・読み取る・まとめる技能

イ 思考力・判断力・表現力等
- 歴史に関わる事象の意味や意義，特色や相互の関連を多面的・多角的に考察したり，歴史に見られる課題を把握し，複数の立場や意見を踏まえて選択・判断したりする力
- 趣旨が明確になるように内容構成を考え，自分の考えを論理的に説明したり，それらを基に議論したりする力

ウ 学びに向かう力・人間性等
- 歴史上の諸事象や身近な地域の歴史，他民族の文化や生活に関する社会的事象について主体的に調べ分かろうとして課題を意欲的に追究する態度
- 歴史上の諸事象から見出した課題の解決を視野に社会に関わろうとする態度
- 多面的・多角的な考察や深い理解を通して涵養される自覚や愛情等（歴史上の人物と文化遺産を尊重することの大切さについての自覚，我が国の歴史に対する愛情や国民としての自覚，国際協調の精神）

(3) 公民的分野

ア 知識・技能
- 現代社会を捉える概念的枠組みの理解
- 現代社会の政治，経済，国際関係に関する理解

(現代社会と文化，現代社会の見方・考え方，市場の働きと経済，国民の生活と政府の役割，人間の尊重と日本国憲法の基本的原則，世界平和と人類の福祉の増大）
- 統計や新聞などの諸資料から，現代の社会的事象に関する情報を効果的に収集する・読み取る・まとめる技能

イ　思考力・判断力・表現力等
- 社会的事象の意味や意義，特色や相互の関連を現代の社会生活と関連付けて多面的・多角的に考察したり，現代の諸課題について公正に判断したりする力
- 他者の主張を踏まえたり取り入れたりして思考・判断したことを説明したり，それらを基に議論したりする力

ウ　学びに向かう力・人間性等
- 現代の社会的事象について主体的に調べ分かろうとして課題を意欲的に追究する態度
（社会生活における物事の決定の仕方，現実の政治，個人，企業及び国や地方公共団体の経済活動，現実の国際関係）
- 現代社会に見られる課題の解決を視野に社会に関わろうとする態度
（他者と協働して考え，社会に参画しようとする）
- 多面的・多角的な考察や深い理解を通して涵養される自覚や愛情等
（自国を愛しその平和と繁栄を図ることや，各国が相互に主権を尊重し各国民が協力し合うことの大切さについての自覚）

　新学習指導要領では，社会科，地理歴史科，公民科において育成を目指す資質・能力を，小学校社会科，中学校社会科，高等学校地理歴史科，公民科と全体を見通して整理をしている。中学校社会科の指導に当たっては，小学校社会科，また高等学校地理歴史科，公民科で育成を目指す資質・能力を意識して指導を行うことが必要である。

第6節
中学校社会科における「主体的・対話的で深い学び」の捉え方と進め方

Q 中学校社会科で「主体的・対話的で深い学び」をどのように捉え，指導に具体化すればよいでしょうか。

1 「主体的・対話的で深い学び」の必要性

新学習指導要領において，中教審答申を踏まえ，「主体的・対話的で深い学び」の実現に向けた授業改善の推進が言われている。その背後には，次のような改訂の基本的な考え方がある（『解説』）。

> ア 教育基本法，学校教育法などを踏まえ，これまでの我が国の学校教育の実践や蓄積を生かし，子供たちが未来社会を切り拓くための資質・能力を一層確実に育成することを目指す。その際，子供たちに求められる資質・能力とは何かを社会と共有し，連携する「社会に開かれた教育課程」を重視すること。
> イ 知識及び技能の習得と思考力，判断力，表現力等の育成のバランスを重視する平成20年改訂の学習指導要領の枠組みや教育内容を維持した上で，知識の理解の質を更に高め，確かな学力を育成すること。

すなわち，学習する子供たちの側になって，「何ができるようになるか」（育成を目指す資質・能力），「何を学ぶか」（教科等で学ぶ内容や題材），「どのように学ぶか」（指導計画の作成と実施，学習・指導の改善・充実）

の三つの視点を一体として実現するための手立てとして「主体的・対話的で深い学び」が必要なのである。また、子供たちが、学習内容を人生や社会の在り方と結び付けて深く理解し、これからの時代に求められる資質・能力を身に付け、生涯にわたって能動的に学び続けることができるようにするためにも、「主体的・対話的で深い学び」が必要なのである。さらに、「何ができるようになるか」「何を学ぶか」「どのように学ぶか」の三つの視点を一体とした授業を、教師が計画、実践、評価、改善していくためにも、「主体的・対話的で深い学び」は必要なものである。

2　「主体的・対話的で深い学び」の実現に向けた配慮事項

新学習指導要領の社会科においては、他教科と同様に「第3　指導計画の作成と内容の取扱い」において記載されている。それは、単元や題材など内容や時間のまとまりを見通して、その中で育む資質・能力の育成に向けて、「主体的・対話的で深い学び」の実現に向けた授業改善を進めることを示したものである。また、次の6点に留意して取り組むことが重要であると指摘している（『解説』）。

> ア　児童生徒に求められる資質・能力を育成することを目指した授業改善の取組は、既に小・中学校を中心に多くの実践が積み重ねられており、特に義務教育段階はこれまで地道に取り組まれ蓄積されてきた実践を否定し、全く異なる指導方法を導入しなければならないと捉える必要はないこと。
> イ　授業の方法や技術の改善のみを意図するものではなく、児童生徒に目指す資質・能力を育むために「主体的な学び」、「対話的な学び」、「深い学び」の視点で、授業改善を進めるものであること。
> ウ　各教科等において通常行われている学習活動（言語活動、観察・実験、問題解決的な学習など）の質を向上させることを主

眼とするものであること。
エ　1回1回の授業で全ての学びが実現されるものではなく，単元や題材など内容や時間のまとまりの中で，学習を見通し振り返る場面をどこに設定するか，グループなどで対話する場面をどこに設定するか，児童生徒が考える場面と教員が教える場面をどのように組み立てるかを考え，実現を図っていくものであること。
オ　深い学びの鍵として「見方・考え方」を働かせることが重要になること。各教科等の「見方・考え方」は，「どのような視点で物事を捉え，どのような考え方で思考していくのか」というその教科等ならではの物事を捉える視点や考え方である。各教科等を学ぶ本質的な意義の中核をなすものであり，教科等の学習と社会をつなぐものであることから，児童生徒が学習や人生において「見方・考え方」を自在に働かせることができるようにすることにこそ，教師の専門性が発揮されることが求められること。
カ　基礎的・基本的な知識及び技能の習得に課題がある場合には，その確実な習得を図ることを重視すること。

　社会科の指導に当たっては，「知識及び技能」が習得されることと「思考力，判断力，表現力等」を育成することと「学びに向かう力，人間性等」を涵養することが偏りなく実現されるようにすることが必要である。そのためには，単元など内容や時間のまとまりを見通しながら，「主体的・対話的で深い学び」の実現が重要であり，教師のカリキュラム・マネジメントが必要である。
　また，これまでも多くの優れた実践や授業改善が重ねられてきているので，それらの実践を否定し，全く異なる指導方法を導入すると考えるのではなく，生徒や学校の実態，指導の内容に応じ，「主体的な学び」「対話的な学び」「深い学び」の視点から授業改善を図るのである。
　特に，中学校社会科においては，各分野の特質に応じた見方・考え方を働かせて学ぶことにより，事実等に関する知識を相互に関連付け

て概念に関する知識を獲得したり，社会的事象からそこに見られる課題を見いだしてその解決に向けて多面的・多角的に考察，構想し，表現できるようにし，主体的に社会に関わろうとする態度を養うようにしたり，生徒同士の協働や学習の内容に関係する専門家などとの対話を通して自らの考えを広め深めたりするなどして，深い学びを実現するよう授業改善を図ることが大切である。

3 「主体的・対話的で深い学び」を視点とした授業改善

中教審答申においては，「主体的・対話的で深い学び」をそれぞれに分けて，授業改善の指針を，次のように示している。

(「主体的な学び」の視点)
・主体的な学びについては，児童生徒が学習課題を把握しその解決への見通しを持つことが必要である。そのためには，単元等を通した学習過程の中で動機付けや方向付けを重視するとともに，学習内容・活動に応じた振り返りの場面を設定し，児童生徒の表現を促すようにすることなどが重要である。

(「対話的な学び」の視点)
・対話的な学びについては，例えば，実社会で働く人々が連携・協働して社会に見られる課題を解決している姿を調べたり，実社会の人々の話を聞いたりする活動の一層の充実が期待される。しかしながら，話合いの指導が十分に行われずグループによる活動が優先し内容が深まらないといった課題が指摘されるところであり，深い学びとの関わりに留意し，その改善を図ることが求められる。
・また，主体的・対話的な学びの過程で，ICTを活用することも効果的である。

(「深い学び」の視点)
・これらのことを踏まえるとともに，深い学びの実現のためには，「社会的な見方・考え方」を用いた考察，構想や，説明，議論等の学習活動が組み込まれた，課題を追究したり解決したりする活動が不可欠である。具体的には，教科・科目及び分野の特質に根ざした追究の視点と，それを生かした課題（問い）の設定，諸資料等を基にした多面的・多角的な考察，社会に見られる課題の解決に向けた広い視野からの構想（選択・判断），論理的な説明，合意形成や社会参画を視野に入れながらの議論などを通し，主として用語・語句などを含めた個別の事実等に関する知識のみならず，主として社会的事象等の特色や意味，理論などを含めた社会の中で汎用的に使うことのできる概念等に関わる知識を獲得するように学習を設計することが求められる。

すなわち，三つの視点を一体的に捉え，「主体的・対話的で深い学び」として実践の改善をすることが重要であるが，一つの視点を活かした授業改善も可能である。子供たちの実態を踏まえた，学びのマネジメントができる教師であることが重要である。

4 「主体的・対話的で深い学び」実現のための学習環境の充実

中教審答申においては，「主体的・対話的で深い学び」の実現のために，教材や教具，それらを含めた学習環境を教師が充実させていくことが必要であると指摘している。例えば，次のようである。

・授業において，新聞や公的機関が発行する資料等を一層活用すること

第6節 中学校社会科における「主体的・対話的で深い学び」の捉え方と進め方

- 地理情報システム（GIS）の指導に関わり，教育現場におけるGIS活用を普及するための環境整備や広報等とともに，活用可能なデータ情報の一元的整理・活用が求められること
- 教科の内容に関係する専門家や関係諸機関等と円滑な連携・協働を図り，社会との関わりを意識して課題を追究したり解決したりする活動を充実させること
- 博物館や資料館，図書館などの公共施設についても引き続き積極的に活用すること

それらを意識しながら，授業改善に臨んでいくことが必要である。

5　「主体的・対話的で深い学び」のための学習課題

いずれの分野においても，特に，「社会の問題の解決に向けて考察，構想したりする学習」は「主体的・対話的で深い学び」として位置付けることが可能であろう。学習課題として，「どのようにすればよいのか？」「どのようにあるべきか？」「自分はどうするか？」「自分はどうしたいのか？」というような，判断を求めるような問いが成立することが必要である。それらの問いは，習得した「見方・考え方」を働かせて社会的事象を説明し直し，自分の意見を成立させる必要のある問いである。そして，一人一人に成立した意見を表現させ，交流させ，対話を促すことで，現実社会の意見の多面的・多角的な考察や実感を伴った理解が可能になるのである。多様な考え方を持つ人々と協働して社会を形成する一員に主体的になろうとする態度までも育成することが可能であろう。

第7節
中学校社会科における「見方・考え方」

Q 中学校社会科における「見方・考え方」とはどのようなものですか。また，地理的分野，歴史的分野，公民的分野のそれぞれの特質に応じた「見方・考え方」とはどのようなものですか。

1 「社会的な見方・考え方」について

　社会科ではこれまでも，「見方・考え方」について，様々な提案や議論が展開されてきた。このたびの学習指導要領では，これまでの議論も受け継がれながら，社会科に関する新たな「見方・考え方」が示されたことになる。
　この新たな「見方・考え方」は，新学習指導要領における改訂のポイントでもある「育成を目指す資質・能力の明確化」と，「『主体的・対話的で深い学び』の実現に向けた授業改善の推進」と大きく連関するものである。特にこの中の「深い学び」の鍵として，今後は生徒が学校での学習の中だけでなく，現実の社会生活の中においても，この「見方・考え方」を自在に働かせることができるようにすることが鍵となる。各教科等の「見方・考え方」は，「どのような視点で物事を捉え，どのような考え方で思考していくのか」という各教科等独自の物事を捉える視点や考え方である，とされている。各教科等を学ぶ本質的な意義の中核をなすものであり，学校での教科等の学習とともに

第7節　中学校社会科における「見方・考え方」

現実の社会生活をつなぐものとして，生徒が学校での学習や今後の人生においても，この「見方・考え方」を自在に働かせることができるようにすることこそ，今後の教師の専門性が発揮される点であるとの期待が込められている。

新学習指導要領では，中学校の社会科だけでなく小学校社会科，高等学校の地理歴史科と公民科のそれぞれの特質に応じた「見方・考え方」の総称として，「社会的な見方・考え方」が位置付けられている。この中で，中学校社会科における「社会的な見方・考え方」は，さらに各分野の特質に応じて，次のような整理がなされている。

地理的分野では「社会的事象の地理的な見方・考え方」として，「社会的事象を位置や空間的な広がりに着目して捉え，地域の環境条件や地域間の結び付きなどの地域という枠組みの中で，人間の営みと関連付けて」働かせるものと示されている。

歴史的分野では「社会的事象の歴史的な見方・考え方」として，「社会的事象を時期，推移などに着目して捉え，類似や差異などを明確にしたり事象同士を因果関係などで関連付けたりして」働かせるものと明示されている。

その上で，公民的分野では「現代社会の見方・考え方」として，「社会的事象を政治，法，経済などに関わる多様な視点（概念や理論など）に着目して捉え，よりよい社会の構築に向けて，課題解決のための選択・判断に資する概念や理論などと関連付けて」働かせるものと定義付けられている。

これらの「社会的な見方・考え方」を働かせる際に着目する視点は，地理的分野における位置や分布など，歴史的分野における時期や年代など，公民的分野における対立と合意や効率と公正など，にとどまらずに，さらに多様に存在することにも留意する必要がある。各分野の学習での追究過程においては，これらの視点を必要に応じて組み合わせて用いるようにすることも重要となる。

以上のように，新たに示された「社会的な見方・考え方」は，今後に育成を目指す資質・能力とも密接に関わるものである。社会科の授業において，課題を追究したり解決したりする活動の中で，社会的事象等の意味や意義，特色や相互の関連を考察したり，社会に見られる課題を把握して，その解決に向けて構想したりする際の有効な「視点や方法（考え方）」としての活用が期待されるとともに，社会科授業における「思考力，判断力，表現力等」の育成に当たっても，この「社会的な見方・考え方」が重要な役割を果たすことになる。

2　「社会的事象の地理的な見方・考え方」について

　地理的分野の目標の冒頭に示された「社会的事象の地理的な見方・考え方」とは，「社会的事象を，位置や空間的な広がりに着目して捉え，地域の環境条件や地域間の結び付きなどの地域という枠組みの中で，人間の営みと関連付けること」として，考察や構想する際の「視点や方法（考え方）」とされている。中学校社会科の地理的分野だけでなく，高等学校地理歴史科の新科目である「地理総合」と「地理探究」も含めた地理教育に固有の「見方・考え方」は，今後は「社会的事象の地理的な見方・考え方」になる。
　これまでも地理的分野においては，「地理的な見方」と「地理的な考え方」として，例えば平成20（2008）年版の『中学校学習指導要領解説　社会編』においては，次のような整理がされてきている。
　「地理的な見方」とは，「どこに，どのようなものが，どのように広がっているのか，諸事象を位置や空間的な広がりとのかかわりでとらえ，地理的事象として見いだすこと。また，そうした地理的事象にはどのような空間的な規則性や傾向性がみられるのか，地理的事象を距離や空間的な配置に留意してとらえること」と位置付けられていた。
　「地理的な考え方」とは，「そうした地理的事象がなぜそこでそのよ

うにみられるのか，また，なぜそのように分布したり移り変わったりするのか，地理的事象やその空間的な配置，秩序などを成り立たせている背景や要因を，地域という枠組みの中で，地域の環境条件や他地域との結び付きなどと人間の営みとのかかわりに着目して追究し，とらえること」とされてきた。

　地理的分野でこれまでも整理されてきた観点を引き継ぎながら，新たに示された「社会的事象の地理的な見方・考え方」の具体は，地理的分野の目標(2)に「位置や分布，場所，人間と自然環境との相互依存関係，空間的相互依存作用，地域など」の視点として例示されている。この例示された五つの視点は，社会的事象を「地理に関わる事象」として捉える際に，社会に見られる課題を「地理的な課題」として考察する際の視点になる。この視点に着目することで，社会的事象を地理的な事象として見いだしたり，社会に見られる課題を「地理的な課題」として考察したりすることを可能にするものである。

　これらの視点は今後の地理的分野においては，あくまでも例示された中心的な視点であり，中心的な視点の下位にもさらに様々な視点や，複数の視点にまたがるような視点も考えられてくることになる。実際の地理授業では，多様な視点が存在することに留意しながらも，それらの「社会的事象の地理的な見方・考え方」を授業のねらいに即して的確に活用していくことが重要になる。

3　「社会的事象の歴史的な見方・考え方」について

　歴史的分野において働かせる「見方・考え方」は，「社会的事象の歴史的な見方・考え方」である。この「社会的事象の歴史的な見方・考え方」とは，「社会的事象を，時期，推移などに着目して捉え，類似や差違などを明確にし，事象同士を因果関係などで関連付けること」と位置付けられている。具体的には，「時期，年代など時系列に関わ

る視点」「展開，変化，継続など諸事象の推移に関わる視点」「類似，差異，特色など諸事象の比較に関わる視点」「背景，原因，結果，影響など事象相互のつながりに関わる視点」などに着目し，比較したり，関連させたりして社会的事象を捉えたりすることが，今後の歴史的分野での学習では期待される。

　ここでの「時期や年代，推移，比較，相互の関連や現在とのつながりなど」も，あくまでも「社会的事象の歴史的な見方・考え方」に沿った視点の例とされている。この例示された視点などに着目した課題に導かれて，課題を追究したり解決したりする活動が，歴史授業の中で確実に展開されることが望まれる。

　例えば，「いつ（どこで，誰によって）おこったか」「前の時代とどのように変わったか」「どのような時代だったのか」「なぜ，おこった（何のために行われた）か」「どのような影響を及ぼしたか」「なぜそのような判断をしたと考えられるか」「歴史を振り返り，よりよい未来の創造のために，どのようなことが必要とされるのか」などの「社会的事象の歴史的な見方・考え方」に沿った視点を生かした授業構成が求められる。

　特に新たな導入単元である内容項目Ａの「歴史との対話」は，「社会的事象の歴史的な見方・考え方」に沿った視点の例である「時期や年代，推移，比較，相互の関連や現在とのつながりなど」に着目して，歴史を追究する方法そのものを学習することができる有効な機会としても位置付けられている。

　内容項目Ａの(1)「私たちと歴史」では，「時期や年代，推移，現在の私たちとのつながりなどに着目して，小学校での学習を踏まえて歴史上の人物や文化財，出来事などから適切なものを取り上げ，時代区分との関わりなどについて考察し表現すること」，(2)「身近な地域の歴史」では，「比較や関連，時代的な背景や地域的な環境，歴史と私たちとのつながりなどに着目して，地域に残る文化財や諸資料を活用

して，身近な地域の歴史的な特徴を多面的・多角的に考察し，表現すること」を身に付けることが望まれるとおりである。

4 「現代社会の見方・考え方」について

　公民的分野で働かせる「見方・考え方」は，「現代社会の見方・考え方」である。この「現代社会の見方・考え方」とは，「社会的事象を，政治，法，経済などに関わる多様な視点（概念や理論など）に着目して捉え，よりよい社会の構築に向けて，課題解決のための選択・判断に資する概念や理論などと関連付けること」とし，考察や構想する際の「視点や方法（考え方）」とされている。
　これまでも公民的分野においては，「現代社会についての見方や考え方の基礎」として，一般にある情報を手にしたとき，何らかの枠組みに即しながら考察し，その情報がもつ意味や価値を捉えようとする概念的枠組みが，「見方や考え方」として示されてきた。これまでの趣旨を踏まえつつも，今後の公民的分野においては，「対立と合意，効率と公正など」の現代社会を捉える概念的な枠組みを「視点や方法（考え方）」として用いて，社会的事象を捉え，考察や構想に向かうことが大切であるとされている。
　これまでの公民的分野で示されてきた「対立と合意，効率と公正など」は，「現代社会の見方・考え方」の基礎となる概念的な枠組みとして，今後も公民的分野の学習全体を通して働かせることが期待されている。加えて，公民的分野の内容項目Ｂ「私たちと経済」，Ｃ「私たちと政治」，Ｄ「私たちと国際社会の諸課題」においては，それぞれの内容を構成する経済，政治，国際社会に関わる概念などとして，新たに「分業と交換，希少性など」「個人の尊重と法の支配，民主主義など」「協調，持続可能性など」も例示された。
　また，公民的分野の内容項目Ａ「私たちと現代社会」は，小学校社

会科，中学校社会科地理的分野及び歴史的分野を踏まえて学習される公民的分野の導入として位置付けられるものであることから特に，「現代社会の見方・考え方」に加え，小学校社会科における「社会的事象の見方・考え方」，地理的分野の「社会的事象の地理的な見方・考え方」，及び歴史的分野の「社会的事象の歴史的な見方・考え方」についても必要に応じて組み合わせて用い，小・中学校社会科の特質に応じた「見方・考え方」としての「社会的な見方・考え方」を総合的に働かせるようにすることも期待されている。

　さらに，公民的分野の内容項目D「私たちと国際社会の諸課題」の(2)「よりよい社会を目指して」では，社会科のまとめとして位置付けられている中項目として，これまでの地理的分野，歴史的分野及び公民的分野における課題を追究したり解決したりする活動において働かせてきた「社会的事象の地理的な見方・考え方」「社会的事象の歴史的な見方・考え方」及び「現代社会の見方・考え方」などを総合的に働かせることを期待して，これらの「見方・考え方」の総称である「社会的な見方・考え方」を働かせて探究するまでの学習，すなわち社会科としての総括的な学習が望まれている。

第8節 小学校・高等学校との円滑な接続

Q 今回の改訂は，学校段階間の接続に重点を置いて行われたと聞いています。社会科系教科においては，小学校・中学校・高等学校を通してどのように一貫性が図られましたか。

1　小学校の社会科との一貫性

　小学校，中学校の社会科の目標は「グローバル化する国際社会に主体的に生きる平和で民主的な国家及び社会の形成者に必要な公民としての資質・能力の基礎」としている。文言に発達段階や分野の特性を踏まえた違いがあるものの一貫性がとられていると言える。

　今回の改訂で「小・中学校社会科における内容の枠組みと対象」が示された（中教審答申別添3-17／本書p.52）。ここでは，中学校社会科の3分野に合わせて，「地理的環境と人々の生活」「歴史と人々の生活」「現代社会の仕組みや働きと人々の生活」に分けて，内容面の関連を示している。

　例えば，「地理的環境と人々の生活」の小学校を見ると，3・4年生で「身近な地域や市の様子」や「県の様子」を学習することになっている。5年生で，「盛んな地域」を扱う。中学校では，地理的分野の学習で，「身近な地域の調査」を行うことになっている。さらに，公民的分野の学習で「私たちと現代社会」「よりよい社会を目指して」に発展させていくことになる。小学校と中学校の学習に関連を持たせ

ながら，小学校よりも中学校へと学習を深めていくことができるようになっている。

『解説』の「地理的分野の(3)内容の取扱い」では，「世界の地理に関する学習を第1学年の当初から学習することとし，地理に関わる学習の継続と発展を図る内容構成としている」とある。これは，小学6年生で学習する「世界の人々の生活」と関連を持たせ，継続と発展を図ることとなる。「歴史的分野の(3)内容の取扱い」では，「身近な地域の発展に寄与した人物や，身近な地域の歴史に関わる文化遺産を取り上げるに当たっては，小学校における地域や我が国の歴史に関する学習との関連にも留意しながら，内容のAの『(2) 身近な地域の歴史』において実施することも可能である」としている。公民的分野のC「私たちと政治」では，「小学校社会科における『日本国憲法が国民生活に果たす役割』などの学習の成果も踏まえ，取り扱う課題に即して日本国憲法の条文などを適切に関連付けて考察し，表現できるようにすることが大切」としている。

また，『解説』の「第3章 指導計画の作成と内容の取扱い」の「1 指導計画の作成上の配慮事項」の(2)で，「小学校社会科の学習の成果を生かすとともに，地理的分野と歴史的分野を並行して学習させ，その基礎の上に公民的分野の学習させる」ことが示されている。

2　高等学校の地理歴史科，公民科との一貫性

高等学校の公民科に設けられる「公共」とともに，地理歴史科に「地理総合」「歴史総合」が設けられ，いずれも必履修として学習することとなった。「地理総合」では，GISの活用から「地図と地理情報システムの活用」，グローバル化の対応として「国際理解と国際協力」，ESDや防災の観点から「防災と持続可能な社会の構築」を取り上げることとなっている。「歴史総合」では，歴史を学ぶ意義を学ぶ「歴史の扉」，

社会構造の変化を考察する「近代化と私たち」，個人・集団と社会との関わりを考察する「大衆化と私たち」，さらに，持続可能な社会を展望するために「グローバル化と私たち」を学習することになっている。「公共」では，倫理的主体となる私たちの扱う「『公共』の扉」，政治的主体，経済的主体，法的主体，情報の発信主体となる私たちを取り上げる「自立した主体としての国家・社会の形成に参画し，他者と協働するために」が設定されている。さらに，「持続可能な社会づくりの主体となるために」が設けられている（中教審答申別添3－7／本書p.53）。

3 指導計画作成上の配慮事項

各分野への配当時間は，地理的分野が5単位時間少なくなり115単位時間。歴史的分野は5単位時間増えて135単位時間。公民的分野は現行と変わらず100単位時間となった。1・2年生の地理と歴史は並行学習，3年生では，歴史の学習を終えた後に公民的分野の学習に入ることとなる。これまで世界史必修であった高等学校においては，地理総合，歴史総合，公共のいずれもが必履修となった。世界の歴史を充実し，民主主義の来歴などを扱い，高等学校に円滑につなげる必要が出てきた。そのために歴史的分野の時間が増えた。

地理的分野では，地球的課題を主題とした世界の諸地域学習，人間と自然環境との相互依存関係。歴史的分野では，琉球の文化，アイヌの文化，ギリシャ・ローマ文明，日本の男女普通選挙，ムスリム商人の役割，民族や宗教をめぐる対立，地球環境問題。公民的分野では，文化の継承と創造の意義，政治参加，社会保障制度，労働保護立法，防災情報の発信・活用，産業や社会の構造的な変化，起業，国連における持続可能な開発のための取組等が充実されたり新しく加わったりしたこともあって，高等学校で学ぶ内容を把握した上で，指導計画を立てることが必要である。

別添３－17

小・中学校社会科における内容の枠組みと対象のイメージ

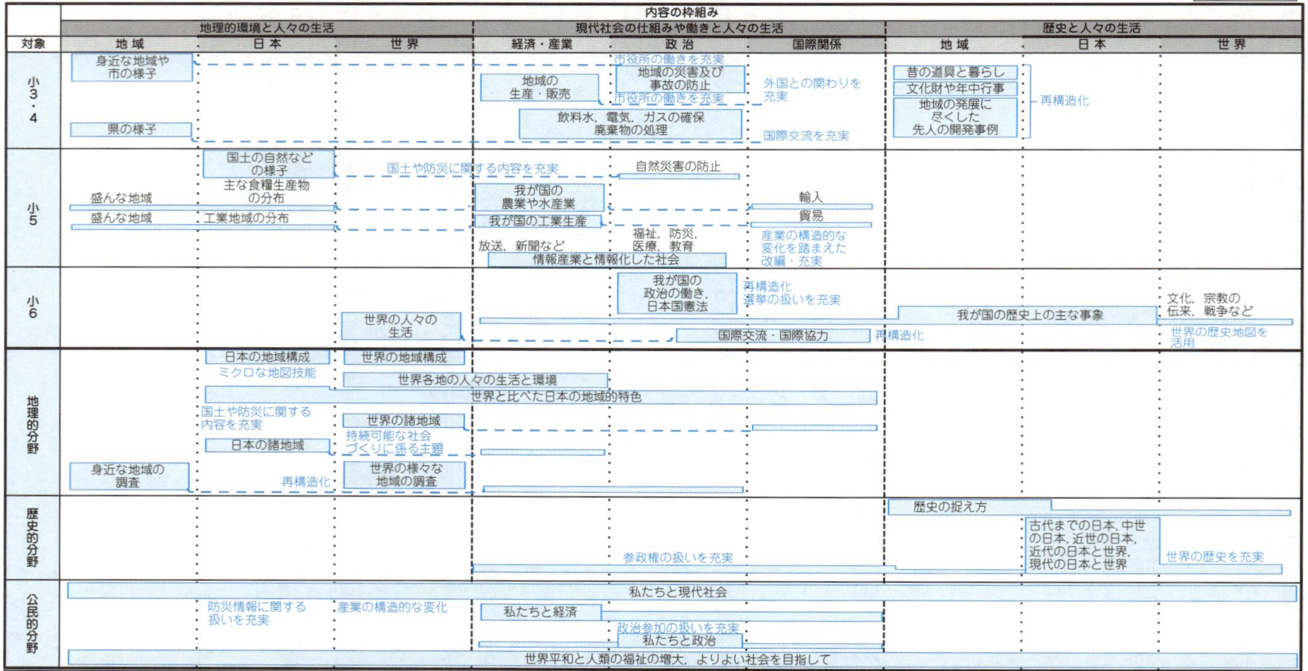

現行学習指導要領における知識・理解に関する目標				
	小学校	・身近な地域や市（区，町，村）の地理的環境，県（都，道，府）の様子について理解できるようにする。 ・国土の自然などの様子，国土の環境と国民生活の関連，我が国と関係の深い国の生活を理解できるようにする。	・地域の産業や消費生活の様子，人々の健康な生活や良好な生活環境及び安全を守るための諸活動など，地域社会を支える仕組みや働きを理解できるようにする。 ・我が国の産業の様子，産業と国民生活の関連，日常生活における政治の働きと我が国の政治の考え方，国際社会における我が国の役割を理解できるようにする。	・地域の人々の生活の変化や地域の発展に尽くした先人の働きを理解できるようにする。 ・我が国の主な歴史事象，自分たちの生活の歴史的背景，我が国の歴史や先人の働きについて理解できるようにする。
	中学校	【地理的分野】 ・我が国の国土及び世界の諸地域の地域的特色を理解させる。 ・日本や世界の諸地域は相互に関係し合っていることや各地域の特色には地方的特殊性と一般的共通性があること，また，それらは諸条件の変化などに伴って変容していることを理解させる。	【公民的分野】 ・民主政治の意義，国民の生活の向上と経済活動との関わり及び現代の社会生活などについて理解させる。 ・国際的な相互依存関係の深まり，各国が相互に主権を尊重し，各国民が協力し合うことが重要であることを認識させる。	【歴史的分野】 ・我が国の歴史の大きな流れを，世界の歴史を背景に，各時代の特色を踏まえて理解させる。 ・歴史上の人物と現在に伝わる文化遺産を，その時代や地域との関連において理解させる。 ・歴史に見られる国際関係や文化交流のあらましを理解させる。

第8節　小学校・高等学校との円滑な接続

別添3-7

高等学校地理歴史科、公民科に置かれる各科目のイメージ

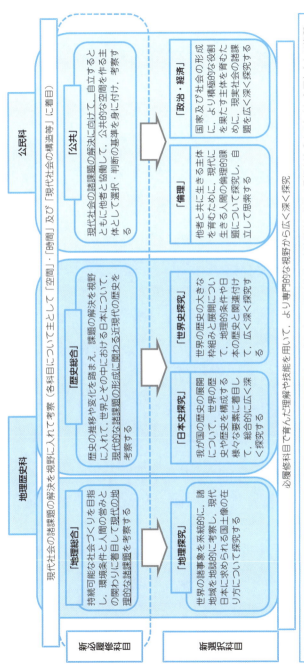

第2章

中学校社会科の改善と授業構成

第1節 教科目標の改善

　中学校社会科の目標は，総括的に示す目標と資質・能力ごとに示す具体的な目標によって構成されている。この形は各教科等共通である。従前の中学校社会科の目標の記述においては，「社会に対する関心を高め」や「我が国の国土と歴史に対する理解と愛情を深め」のように，学習対象と同時に目指す能力等を示す形となっていた。今回の総括的に示す目標では，具体的な資質・能力は(1)(2)(3)として示すことから，学習対象や目指す能力は示されていない。

　「社会的な見方・考え方を働かせ」とは，社会科系教科ならではの視点で事象や課題を捉え，考察することを意味する。社会科の学習の結果，様々な事象を社会的な見方・考え方を活用して捉え，より望ましい課題解決を模索できるようになることを求めていると言える。

　「課題を追究したり解決したりする活動を通して」について，従前は「第3　指導計画の作成と内容の取扱い」において，「適切な課題を設けて行う学習の充実を図る」とされていた。今回は，指導計画の作成に限定して示すのではなく，社会科の総括目標に示すことによって，社会科固有の学習活動の姿を示すことになった。

　続いて，「国際社会」の前に「グローバル化する」が追加され，また「主体的に」が追加された。「国際社会に生きる」が目標に示されたのは，平成元（1989）年の学習指導要領改訂においてである。国際化や情報化への対応，生涯学習社会への移行に伴う教育課程の在り方が検討され，目標に「国際社会に生きる」が追加され，内容についても世界的な視野から取り扱う事項が示されることとなった。今回は，時代の動きを反映して「グローバル化する」を追記し，主体性を備え

た人材の育成を目指していると言える。

　次に三つの目標について，(1)は「理解」と「技能」に関する目標を示している。

　　〈理解〉：我が国の国土と歴史，現代の政治，経済，国際関係等。
　　〈技能〉：調査や諸資料から様々な情報を効果的に調べまとめる。
　続いて(2)は思考・判断・表現等に関わる目標である。
　　〈考察〉：社会的事象の意味や意義，特色や相互の関係を多面的・
　　　　　　多角的に考察する。
　　〈選択・判断〉：社会に見られる課題の解決に向けて選択・判断す
　　　　　　る力。
　　〈説明，議論〉：思考・判断したことを説明，それらを基に議論す
　　　　　　る力。
　さらに(3)は態度や自覚に関する目標である。
　　〈態度〉：よりよい社会の実現を視野に課題を主体的に解決しよう
　　　　　　とする態度。
　　〈自覚〉：我が国の国土や歴史に対する愛情，国民主権を担う公民
　　　　　　として自国を愛し，平和と繁栄を図ること，他国や他国
　　　　　　の文化を尊重することの大切さの自覚。

　ここで示された目標のうち(2)及び(3)については「第3　指導計画の作成と内容の取扱い」においても関連する事項が示されているので留意したい。例えば，2(1)に，「社会的事象の意味や意義，事象の特色や事象間の関連，社会に見られる課題などについて，考察したことや選択・判断したことを論理的に説明したり……」と示されている点は，ここでの目標の(2)の内容と密接に関連している。

　これらの目標をバランスよく実現するためには，指導計画の作成や授業構成において，それぞれの指導内容について，どのような活動を行うことによって三つの資質・能力を実現するのかを明確にしていくことが必要である。

第2節 地理的分野の改善と授業構成

1 地理的分野の目標と内容の改善

(1) 地理的分野の目標の改善

　地理的分野ではこれまでも地理的な見方・考え方の基礎を培うことを目標として掲げてきた。新学習指導要領では，他教科にそろえて「地理的な見方・考え方を働かせ」という形で示された。したがって，まず地理的事象を見いだし捉えることから始め，それについて考察することが学習の基本となる。ここで取り上げる地理的事象は地域の課題に関わる内容が求められている。

　三つの柱のうち(1)「知識及び技能」については，地理的技能を使って地理的知識を習得させることが大切である。なかでも地図は最も重要であり，『解説』はそれを強調し，表現力と関連して作図力にも言及している。

　(2)「思考力，判断力，表現力等」については，「位置や分布，場所，人間と自然の相互依存関係，空間的相互依存作用，地域など」という視点が明示されている。これらの視点は，国際地理学連合地理教育委員会が1992年に出した「地理教育国際憲章」に示された内容である。なお，地理的分野の目標として示されてきた「地方的特殊性と一般的共通性」は「場所」や「地域」に関わっている。

　特に判断力に着目したい。これまで地理的分野の学習では「地域の課題をとらえさせる」（現行学習指導要領 地理的分野 目標(2)）ことで止まっていたが，本改訂では地理的な課題の「解決に向けて学習し

たことを基に複数の立場や意見を踏まえて選択・判断できる力」(『解説』第2章第2節1(1)) を養うことを求めている。すなわち，事実認識に止めずに，社会認識のもう一つの大きな柱である価値認識に言及している。それは地理的な見方・考え方を基に地域の課題の解決の在り方について考えることが公民的な資質・能力の育成に直接つながり，地理学習の社会的有用性が発揮できるからである。ローカルから地方，国家，大陸，地球などといった様々な地域スケールで地域の将来像を考える未来志向的な学習とも言える。

その際，目標(3)で示された「よりよい社会の実現を視野に」，多様な立場からの多様な考えを踏まえて考察することが民主的な市民の育成に欠かせないことを肝に銘じたい。この点を誤ると，かえって偏見や固定観念が助長されたり特定の考え方を強要することになったりしてしまう。地理学は多様な価値観を尊重する寛容の精神を大切にしてきた。価値観の教え込みはあってはならない。十分に留意したい。

(2) 地理的分野の内容の改善

目標(2)で示された視点は，各項目で以下のように示されている。

```
A  世界と日本の地域構成         ：位置や分布
B  世界の様々な地域
  (1) 世界各地の人々の生活と環境：場所，人間と自然環境との
                              相互依存関係
  (2) 世界の諸地域              ：空間的相互依存作用，地域
C  日本の様々な地域
  (1) 地域調査の手法            ：場所
  (2) 日本の地域的特色と地域区分：分布，地域
  (3) 日本の諸地域              ：空間的相互依存作用，地域
  (4) 地域の在り方              ：空間的相互依存作用，地域
```

「Ａ　世界と日本の地域構成」の「⑴　地域構成」については，平成10年版学習指導要領のように，世界と日本を統合して取り上げ，「地域の諸事象や地域的特色を理解する際の座標軸となる視座を養うことをねらいとしている」（『解説』第２章第２節１⑵）。なお，時差について社会科で学習すべきは，各地域の位置関係を捉えることで，時差の計算ではない。実際，標準時は計算どおりではない。例えば大半が西経に位置するスペインの標準時はロンドン時間よりも１時間プラスである。これは大陸諸国との結び付きが強いことによる。

「Ｂ　世界の様々な地域」では，諸地域の学習で取り上げる主題について，「そこで特徴的に見られる地球的課題と関連付けて取り上げ」（下線部筆者），地球的課題が地域によって「現れ方が異なることを理解」させることとしている。例えばアメリカの巨大な生産力を取り上げるにしても，大量消費・大量廃棄型社会や表土流失などの環境問題に触れる必要がある。なお，「⑴　世界各地の人々の生活と環境」で，「一つの事例が生活全体あるいは地域全体の特徴として捉えられる過度な一般化を招きやすい」（『解説』第２章第２節１⑵）と注意を喚起している点に留意すべきである。

「Ｃ　日本の様々な地域」では，従来の「身近な地域の調査」が「⑴　地域調査の手法」と「⑷　地域の在り方」の二つの中項目に再編された。この大項目は全体を通じて，①自然環境，②人口，③資源・エネルギーと産業，④交通・通信の四つの項目で貫かれている。特に防災学習を重視している。

「⑴　地域調査の手法」では，学校周辺を対象に，上記四つの項目に対応して，防災，人口の偏在，産業の変容，交通の発達などの事象から設定して調査する。生徒は地域での生活経験が豊かとは言えない。直接体験は地理的な追究の面白さを実感できる上，例えば聞き取り調査は地域の人と語らう機会としても，教育的に有意義である。

「⑵　日本の地域的特色と地域区分」では上記四つの項目を学習し，

その上で地域区分を多面的・多角的に考察し，国土の特色を大観し理解する。なお，従来の「世界と比べた日本の地域的特色」とは異なり，世界的視野ではなく日本の地域的特色を取り上げ，地図を活用して地域区分を多面的に考察する学習に変わった。

「(3) 日本の諸地域」では，動態地誌的考察が継続されるが，考察の仕方が従来の七つから，上記の四つと「⑤ その他」の五つになった。明示された四つの考察の仕方は，少なくとも一度は取り扱うこととされ，同じ考察の仕方を複数の地域で取り上げることもできる。現行学習指導要領が取り上げていた生活・文化と歴史的背景，環境保全については，地域の考察に当たって，それらを踏まえた視点に留意することとなった。なお，防災や過疎・過密問題，持続可能な社会づくりといった各地域の課題を考察することが考えられていることに留意すべきである。

「(4) 地域の在り方」では地域的な課題を取り上げ，その解決に向けて考察，構想して説明，議論し，「地域の在り方を，地域の結び付きや地域の変容，持続可能性などに着目」して具体的に考察する。特に持続可能な社会づくりという視点に留意すべきである。地域の課題を認識するにとどめず，地域の将来像を議論するという社会参画の視点を踏まえた改善であり，地理的分野の学習のまとめとして位置付けられている。「主体的・対話的で深い学び」によって，地域の様々な住民の立場から広い視野に立って地域の将来像を議論することは民主的な社会づくりに資することが期待できる。これまで学習したことや「先進的な地域の取組に学ぶ」（『解説』第2章第2節1(2)）などして，地理学習の有用性を大いに発揮したいものである。

新しい学習指導要領は，国際連合が目標として掲げているSDGs・「持続可能な社会づくり」を考えるための地球的諸課題や，地域の課題を積極的に取り上げ，社会参画に資する地理教育を目指しているようである。そのためにも生徒に地理はおもしろいと実感させ，世界や日本の地理的事象に関心を高めることが何よりも大切であろう。

2 地理的分野の授業構成のポイント

(1) 社会的な見方・考え方

今回の学習指導要領では，社会科の特質に応じた見方・考え方を，習得・活用・探究という学びの過程の中で働かせることを通じて，より質の高い深い学びにつなげることを求めている。

地理的分野においては，目標(2)に「位置や分布，場所，人間と自然環境との相互依存関係，空間的相互依存作用，地域など」に着目するとあるように，五つの視点が示された。これらは，社会的事象を「地理的事象」として捉える際の視点，社会的な事象を「地理的な課題」として考察する際の視点とされている。これらの視点は，社会的事象の地理的な見方・考え方を働かせていく実際の授業の中で，主要な問いとしても用いられるものであり，『解説』では次のような問いが例として挙げられている。

- 位置や分布（それはどこに位置するのか。どのように分布するのか，さらに，なぜそこに位置するのか，なぜそのような分布の規則性，傾向性を示すのか。）
- 場所（それはどのような場所なのか。その場所の特質はそこでしか見られないものなのか，他の地域にも見られるのか。）
- 人間と自然環境との相互依存関係について（そこでの生活は周囲の自然環境からどのような影響を受けているか。周囲の自然環境にどのような影響を与えているか。それはなぜか。どのような自然の恩恵を求めるのか。どのように自然に働きかけるのか。）
- 空間的相互依存作用について（他の場所とどのような関係を持っているのか。なぜそのような結び付きをしているのか。）
- 地域（その地域はどのような特徴があるのか。他の地域とどこが異なるのか。なぜそのようになったのか。どのような地域にすべ

きか。)

　これらの問いを,授業の中心的,補助的な「問い」として設定し,追究していくことが大切である。

　今回の学習指導要領では,小学校社会科と中学校社会科の目標が整理され,一貫性を持ったものとなっている。社会的事象の地理的な見方・考え方を働かせていく授業を検討する上でも,小学校社会科の成果を踏まえ,高等学校の学習にもつながる内容となるように,適切な問いを立てる必要がある。

(2)　主体的・対話的で深い学びの実現のために

　「第3　指導計画の作成と内容の取扱い」の1(1)では,「単元など内容や時間のまとまりを見通して,その中で育む資質・能力の育成に向けて,生徒の主体的・対話的で深い学びの実現を図るようにすること。その際,分野の特質に応じた見方・考え方を働かせ,社会的事象の意味や意義などを考察し,概念などに関する知識を獲得したり,社会との関わりを意識した課題を追究したり解決したりする活動の充実を図ること」とある。

　年間指導計画を立てる際に,こうした活動をどのように位置付けるかを十分に検討しておく必要がある。各単元において,地理的見方・考え方を働かせて,より質の高い学びに結び付けていくためには,単元の内容をよく見通して指導計画を立てる必要がある。大単元において,まずは教員の設定した「問い」を学級全体で追究しながら,地理的分野の見方・考え方を働かせて社会的事象の意味などを考察し,その上で,生徒一人一人が資料を基に問いを立てたり,仮説や追究方法を考えたりするなど,より発展的な学習としていくこともあり得る。「問い」を立てる上で重要なのは,「何を学ぶか」だけでなく,「何のために学ぶのか」を,生徒自身が意識できるようにすることである。「この地域について学ぶことで,他の地域の地理的事象も読み解くことができる」「地域に見られる課題を把握して,その解決に向けて選

択・判断することは，他の地域の課題を捉えることにつながる一歩となる」といった学習経験を重ねることは，課題を主体的に追究，解決しようとする態度を養うものと考えられる。また，生徒自身が疑問に感じ，追究したい，と思えるような「問い」を設定することが大切である。現実の社会の課題を考えるという文脈の中で主体的・対話的に学ぶことによって，生徒は様々な学びを得ることとなる。

「問い」に対して，生徒たちが協働的に課題を追究し，多面的・多角的に考察し，構想するという学習活動の中では，ワークシートなどを用いて話合いの結果を共有することによって，学びの過程を可視化することが大切である。思考の過程を可視化することで，生徒たちも互いに思考の過程を捉えて議論を深めやすくなる。また，教員も生徒自身も学びの過程を振り返り，評価することができるようになる。

さらに，追究して得た内容が果たして地理的な見方・考え方を働かせたものとして適切なものであったかどうかを吟味する場面が重要である。生徒が考えを深めるために，教師がヒントを与えたり，生徒自身が気付くための手立てを用意したりする配慮が必要である。学習のまとめでは，学習成果を省察し，さらに新たな「問い」を立てて次の学習へとつなげる方向で充実を図ることもできるとよいであろう。

今回の改訂においては，「作業的で具体的な体験を伴う学習」を重視しており，それを通して社会的事象を捉え，認識を深めることを目指している。「C　日本の様々な地域」の「(1) 地域調査の手法」「(4) 地域の在り方」で行う観察や野外調査，文献調査は，地理的な見方・考え方を働かせる上で欠かすことができない活動であり，具体的な体験を伴う学習を通して効果的に習得・活用することのできる技能である。学校の実態に応じて，確実に，観察や野外調査を含む地域調査を実施することが求められている。「地域の在り方」について考察し，構想し，表現した結果を基に，専門家や地域の人々との対話を通して視野を拡げ，考察を深めるような学習も，他教科や総合的な学習の時

(3) 地理情報の収集や処理の技能

　地理的分野の「内容の取扱い」の(2)イでは「地図の読図や作図，景観写真の読み取り，地域に関する情報の収集や処理などの地理的技能を身に付けるに当たっては，系統性に留意して計画的に指導すること。その際，教科用図書『地図』を十分に活用すること」とある。

　地理的技能は，

　① 地理情報を収集する技能

　　（手段を考えて課題解決に必要な社会的事象に関する情報を収集する技能）

　② 情報を読み取る技能

　　（収集した情報を社会的事象の地理的な見方・考え方に沿って読み取る技能）

　③ 情報をまとめる技能

　　（読み取った情報を課題解決に向けてまとめる技能）

に概ね分けられる。今回，小・中・高等学校で共通して学習する地理的技能として，『解説』の巻末資料にも示されているが，これらの技能は，一度に養うものではなく，着実に身に付くことができるように，繰り返して指導する機会を設けることが必要である。例えば中学１年生の最初の段階では，小学校との接続に配慮しながら，実物資料などの諸資料から情報を読み取ったり，様々な資料の収集の仕方を学ぶことに重点を置く，２年生では複数の資料を比較して必要な情報を読み取るなど，段階を踏んで系統的に学習できるよう工夫する必要がある。インターネットにおける地図サイトや統計サイトを活用したり，地図帳の一般図や主題図，統計や写真などの多くの地理情報を十分に活用したりする学習活動を計画的に行っていきたい。

3 指導内容の捉え方と授業

A 世界と日本の地域構成

● 1 目指す資質・能力

この大項目は,「地理的分野の学習の導入」であり,「小学校の学習成果を踏まえ」て行う。そのため,育成すべき「知識及び技能」として,

> (ア) 世界の地域構成の内容として,「緯度と経度,大陸と海洋の分布,主な国々の名称と位置などを基に,世界の地域構成を大観し理解すること」
>
> (イ) 日本の地域構成の内容として,「我が国の国土の位置,世界各地との時差,領域の範囲や変化とその特色などを基に,日本の地域構成を大観し理解すること」

の二つが挙げられている。

また,育成すべき「思考力,判断力,表現力等」については,

> (ア)「世界の地域構成の特色を,大陸と海洋の分布や主な国の位置,緯度や経度などに着目して多面的・多角的に考察し,表現する」
>
> (イ)「日本の地域構成の特色を,周辺の海洋の広がりや国土を構成する島々の位置などに着目して多面的・多角的に考察し,表現する」

の二つが挙げられている。

● 2 指導内容の捉え方

平成20年改訂学習指導要領では,「世界の様々な地域」と「日本の様々な地域」の二つの大項目であったが,新学習指導要領では,それらが統合されて,地理的分野の学習の最初の大項目となった。このことは,

冒頭にこの学習をすることにより，生徒自身の「世界と日本の地理的認識の座標軸」が形成されることを意図している。「座標軸」を形成することにより，世界や日本の諸地域に対しての興味・関心が高まり，今後の地理学習の成果についての定着を図ることが期待されている。

また，「小学校で学習した我が国や世界の国に関する知識や関心を生かす」ことも意図されている。地図の読図や作図などの基本的技能の基本を身に付けることにより，「地理学習の楽しさや有用性を確認する」ことができ，その後の学習を円滑に進めることができると期待されている。

将来の予測不可能な時代において，地図に関する環境がITの発達等により劇的に変化する可能性がある。グローバル化していく社会に向かって生きていく生徒たちにとって，地理的分野の導入の単元として，「世界と日本の地域構成に関する学習を関連付け」て学習することは重要である。この大項目を学ばせることにより，地理学習の「学び方」の基礎を習得させ，今後の学習へ活用させていきたい。

● 3　学習の特色

「思考力，判断力，表現力等」の育成のために働かせる「社会的な見方・考え方」は，「位置や分布などに関わる視点」である。例えば，大陸や海洋の分布を確認したり，主な国の位置を緯度や経度で捉えたり，我が国の周辺の海洋や構成する島々から領域を捉えたりすることで，「地域構成の特色を多面的・多角的に考察し，表現する力を育成」する必要がある。

また，従前の学習指導要領では第2学年で扱っていた「日本の地域構成」が，この大項目に統合されたため，世界から見た日本の位置についての認識がより深まると考えられる。

学習全体を通して地図や地球儀を積極的に活用し，地理学習の最初の段階で，世界や日本の略地図が確実に描け，今後の学習においても学習の整理の際に地図が活用できるように，単元の学習を位置付ける。

(1) 地域構成

● 1　目指す資質・能力と指導内容の捉え方

　この中項目は，「① 世界の地域構成」と「② 日本の地域構成」からなっている。大項目と「目指す資質・能力」は，同じである。

　中学校に入学して初めての地理学習であるため，地理に対する興味・関心を高め，多くの地図や統計資料を活用して，地理的技能の基礎・基本を徹底することが大切である。また，小学生までの身近な世界から，世界的な視野へ大きく変化する時期でもあるので，ニュースなどで取り上げられる事項にも関心を持たせ，生きて働く知識・技能を習得させる。

● 2　授業構成のポイント

　「① 世界の地域構成」においては，以下の3点がポイントである。

①　多くの教具，資料を活用し，体感させる

　中学校に入学して最初の単元であるため，地球儀や世界地図，掛図や白地図，写真などの視覚資料など，様々な教具，資料を示し，比較しながら，形や広さ，大きさ，位置などを体感させることが大切である。例えば，地球儀を実際に触らせ，方位や距離などを実際に測らせ，地球儀と地図の違いについて考えさせることは，生徒の今までの常識を覆し，知的好奇心を刺激する。このように，体験や作業を通して，地理学習における興味・関心を高めていく。

②　地図や統計資料の活用方法の基礎を身に付ける

　地理学習の最初の単元として，丁寧に地図の見方や統計資料の使い方を指導していく。地図や統計資料の活用方法を身に付けることは，地理学習における基礎・基本の技能として重要である。

③　白地図や作業を多く取り入れる

　白地図等を活用した課題解決的な作業を多く取り入れ，生徒の空間的な視野を世界へ大きく広げ，世界の略地図を，緯度や経度，大きさや形に留意して確実に描けるようにする。

「② 日本の地域構成」については，以下の3点がポイントである。
① 「我が国の国土の位置」について
　「① 世界の地域構成」で学んだことを生かし，我が国の国土の位置を「絶対的位置（数値的位置）」で捉えるとともに，世界の他地域から見た場合，どのように表されるのかという「相対的位置（関係的位置）」で捉えることが大切である。
② 「世界各地との時差」について
　従前の学習指導要領では，第2学年で学習していた事項である。第1学年の最初のこの時期は，数学の正負の数について十分に習得していない生徒もいることを考え，抽象思考にならないようできるだけ具体的な概念になるよう留意する。また，時差の計算の方法についても，十分時間をとって学習し，個人差が広がらないよう配慮する。
③ 「我が国の領域の範囲や変化とその特色」について
　竹島や北方領土が我が国の固有の領土であることや，尖閣諸島については領土問題が存在しないことを的確に扱うことが大切である。
　これらの領土学習においては，教師が学習指導要領解説に基づき，公の見解を明確に示すことが必要である。そして，正しい認識を促すためには，ていねいに扱う必要があるが，今後歴史的分野や公民的分野でも学習することを踏まえて，地理的分野では，日本の領土の範囲や領土の位置を地図や地球儀で確実に理解させることが大切である。

● 3　授業展開例
① 　単元名
　「② 日本の地域構成」「世界各地との時差」
② 　本時のねらい
　　・時差の考え方を知り，地球上における日本と世界各地の位置関係を理解する
　　・生活場面と結び付けて時差について考える。

③ 指導の流れ

	学習内容	学習活動	留意点
導入	谷川俊太郎の「朝のリレー」を朗読する	「どんな光景を描いた詩か」 ・詩で描かれている地名について，地図で確認する。	詩に描かれている地名についてはおおまかな位置を指定する。
展開	時差を体感する	・地球儀を使い，自転しているため，太陽の光が当たるところと当たらないところが出てくることを確認する。	教室の明かりを消して懐中電灯の光を当てると理解しやすい。
	時差の考え方を知る	「東京が昼の12時だったとき，リオデジャネイロは何時か」 ・経度15度につき，1時間の時差が生じることを理解させる。 「世界の時刻を共通にしたらどんなことが起きるか」 ・世界共通の時刻を設けると，実際の生活に支障が出ることを体感させる。 ・世界の基準となる時刻は本初子午線での時刻であることを理解させる。 「東京が新年を迎えたとき，ロンドンは何月何日か」 ・日付が変わることを理解させる。	・360度を24時間で割ると15度になることをていねいに理解させる。 ・ニューヨークが昼の12時のとき，日本では夜中の2時になる状況について考えさせ，時差の意義を考える。 ・地球儀を回転させ，体感させる。 ・時差の詳しい計算方法については，次時で行う。
	日本の標準子午線について知る	「日本に目を向けてみよう」 ・日本の標準子午線が東経135度であることを理解させる。	・地図で経度を確認させる。東日本と西日本の日の出や日の入りが違うことを写真等で示すと理解させやすい。
	東西に長い国の標準時を知る	「東西に長い国の標準時はどうなのだろうか」 ・アメリカ合衆国やロシアには複数の標準時があることを理解させる。	・地図で経度を確認する。アメリカ大統領選挙結果速報などの事例を出す。
	グローバル化する社会への関心を高める	「時差を利用して仕事をするとしたらどんなことが考えられるか」 ・生活場面と結び付けて考えさせる。	・生徒の自由な発想を大切にする。 ・いくつかの事例を紹介する。
まとめ	「朝のリレー」をもう一度朗読する	本時のまとめ 次時の予告	

④　次時について
　・時差の計算方法については，次時にていねいに説明し，全員に習得させる。
　・時差の概念は，生活場面と結び付けて理解させる。例えば，
　　「2016年リオデジャネイロオリンピックの開会式は8月5日18時であった。日本では何月何日の何時か」
　　「2020年東京オリンピックの開会式は7月24日の予定である。仮に18時開始だとしたら，世界の各国は何月何日の何時か」等。

B 世界の様々な地域

● 1　目指す資質・能力

　地理的分野の導入的な中項目である。これからの地理的分野の学習への興味・関心を高めること，写真，図表，映像資料，グラフなどから地理的事象を読み取る能力，世界の諸地域に関連する基礎的な知識を身に付けること，世界の諸地域で課題となっていることの背景と要因を理解することなどが求められる。

● 2　指導内容の捉え方

　「A 世界と日本の地域構成」で，世界と日本を地球儀や地図上で概観した上で世界の多様な地域とそこに住む人々の生活に着目する。世界各地の人々の生活は，その生活が営まれる場所の自然及び社会的条件から影響を受けたり，その場所の自然及び社会的条件に影響を与えたりすることを写真や映像資料を読み取ることから理解させる。

　「(1) 世界各地の人々の生活と環境」は，次の「(2) 世界の諸地域」の導入的な中項目である。写真や映像資料などを活用して，詳細な内容に踏み込むことなく，生徒たちにこれからの地誌的な学習への興味・関心を高めるために指導内容と指導方法を工夫したい。

　世界の様々な地域の学習では，地球儀や地図帳を活用することが重要である。また地図帳を見るだけでなく，ラインマーカーなどで着色することや，白地図を活用して自然や都市の位置，様々な事象の分布などを記入させることで，様々な地理的事象の位置や分布を定着させる。

● 3　学習の特色

①　世界各地の人々の生活と環境

　世界の多様な環境の下で生活する人々の生活を学習の対象とする。その際，日本では見られない自然環境（熱帯や乾燥帯などの地域）を中心に，人々の衣食住などを扱うと興味・関心が高まり，学習しやすい。地理的分野の学習の導入に当たり，その後の学習への興味・関心

を高めることに重点を置き，気候の詳しい学習や気候グラフの読み取りなどに時間を使うことは避けたい。身に付ける地理的な技能としては，写真や図表，映像資料などから，その地域の自然の特色や，その地域に生活する人々の生活の特色を読み取る能力を身に付けさせる。

世界の主な宗教の分布や宗教に関連する人々の生活についても基礎的な知識を身に付けさせる。世界三大宗教であるキリスト教，イスラム教，仏教と，民族宗教でありながらおよそ8億人という信仰する人々がいるヒンドゥー教などを取り上げる。また，イスラム教を信仰する人々の生活を中心として宗教に関連した人々の生活についても扱う。

② 世界の諸地域

中学校社会科歴史的分野，高等学校の学習（地理，世界史など）に関連する基礎的な事項が多い。一度は地図帳の各州のページを見て，世界を概観し，世界の諸地域の地理的な基礎事項をしっかり身に付けさせたい。また，高等学校の学習など今後の学習へつなげるため，世界各地域全てを概観し基礎的な事項を身に付けることが重要である。そのため，世界の各地域の詳細な全ての地誌的事項や詳細な事項を扱うことなく，世界各州を概観した上で，主題を設定して内容を精選して扱うことが重要である。

設定する主題の例としては，次のとおりである。アジア州→人口の増加，多様な民族に関わる課題，ヨーロッパ州→EUの結び付きと課題，アフリカ州→経済支援や砂漠化に関わる課題，北アメリカ州→アメリカ合衆国の農業地域の分布，産業構造の変化に関する課題，南アメリカ州→ブラジルなどの森林伐採と開発に関わる課題，オセアニア州→オーストラリアにおける多文化社会，日本や中国などとの貿易による結び付き。

(1) 世界各地の人々の生活と環境

● 1　目指す資質・能力と指導内容の捉え方

　世界の諸地域の学習の入り口として世界の人々の生活と環境の多様性に気付かせ，興味・関心を高めることや，写真や図表，映像資料などから，世界の人々の多様な生活と環境があることを読み取ることを目指す。世界各地の人々の生活の多様性とその自然的背景や社会的背景を理解させる。

● 2　授業構成のポイント

　世界の多様な環境の下で生活する人々の生活に着目する。日本では見られない自然環境（熱帯，乾燥帯，寒帯など）に生活する人々について学習すると興味・関心を高めやすい。地理的分野の学習の入口であり，その後の学習への興味・関心を高めることに重点を置き，詳細な事項の扱いや気候の詳しい学習や雨温図などの読み取りなどに時間を使うことは避けたい。身に付ける地理的な技能としては，写真や図表，映像資料などから，その地域の自然の特色や，その地域に生活する人々の生活の特色を読み取る能力を身に付けさせる。

　また，世界三大宗教（キリスト教，イスラム教，仏教）を信仰する人々が分布する地域を調べ，それぞれの宗教を信仰する人々が多い地域の分布を知り，その特色（ヨーロッパや南北アメリカにキリスト教，乾燥した地域にイスラム教が分布していることなど）を理解する。また，特にイスラム教を信仰する人々の信仰に関連した生活のきまりに関する知識を身に付けさせる。

　また，民族宗教ではあるが，約8億人の信仰する人々がいるヒンドゥー教の分布する地域や信仰する人々の生活について調べる。

● 3 授業展開例

「世界各地の人々の生活や環境」

① 暑い地域（熱帯）の人々の生活や環境

なお，評価の視点は，従前の視点を用いた。

学習内容	生徒の活動	＊＝指導上の留意点　■＝評価の観点 （　　）＝評価方法
導入 ・世界地図で熱帯が分布する地域を調べる。	・熱帯がどのような地域に分布しているかを緯度や国名などを使って説明する。	＊緯度の示し方や低緯度という用語について復習する。 ■関心・意欲 　意欲的に発表する。（観察）
展開 ・熱帯地域の人々の生活	・写真から熱帯地域の人々の衣食住について気付いたことをノートに記録する。 ・ノートに書いたことや写真から読み取ったことを発表する。 ・写真から読み取った事項をまとめる。	■資料活用 　写真から熱帯地域の人々の生活の特色を読み取る。（作品の分析・観察） ■関心・意欲 　意欲的に発表する。（観察） ＊熱帯の気候の特色を日本の気候（温帯）と比較させる。 ＊ゆったりとした服装，高床式の住居などに注目させる。
まとめ ・熱帯地域の人々の生活の特徴　自然的背景 ・授業の課題 ・次時の予告	・熱帯地域の伝統的な衣服，住居の自然的背景を考察する。 ・本時で学習した事項から興味を持った事項について，さらに調べる。	■思考・判断・表現 　熱帯地域の人々の生活の特色の自然的背景について考察する。 ■関心・意欲 　意欲的に調査する。（作品の分析） ■資料活用 　調査した事項を分かりやすくまとめる。（作品の分析）

② 乾燥した地域（乾燥帯）の人々の生活や環境

学習内容	生徒の活動	＊＝指導上の留意点　■＝評価の観点 （　　）＝評価方法
導入 ・世界地図で乾燥帯が分布する地域を調べる。	・乾燥帯がどのような地域に分布しているかを緯度や国名，大陸名などを使って説明する。	■関心・意欲 　意欲的に発表する。（観察） ＊アフリカ大陸北部，西アジアに注目させる。
展開 ・乾燥帯地域の人々の生活	・写真から乾燥帯地域の人々の衣食住について気付いたことをノートに記録する。 ・ノートに書いたことや写真から読み取ったことを発表する。 ・写真から読み取った事項をまとめる。	■資料活用 　写真から乾燥帯地域の人々の生活の特色を読み取る。（作品の分析・観察） ■関心・意欲 　意欲的に発表する。（観察） ＊乾燥帯の気候の特色を日本の気候（温帯）と比較させる。 ＊肌を出さない服装，平らな屋根，雲がない空などに注目させる。
まとめ ・乾燥帯地域の人々の生活の特徴 　自然的背景 ・授業の課題 ・次時の予告	・乾燥帯地域の伝統的な衣服，住居の自然的背景を考察する。 ・本時で学習した事項から興味を持った事項について，さらに調べる。	■思考・判断・表現 　乾燥帯地域の人々の生活の特色の自然的背景について考察する。（発言の分析・観察） ■関心・意欲 　意欲的に調査する。（作品の分析） ■資料活用 　調査した事項を分かりやすくまとめる。（作品の分析）

③ 寒い地域（冷帯・寒帯）の人々の生活や環境

学習内容	生徒の活動	＊＝指導上の留意点　■＝評価の観点 （　　）＝評価方法
[導入] ・世界地図で冷帯・寒帯が分布する地域を調べる。	・冷帯・寒帯がどのような地域に分布しているかを緯度や国名などを使って説明する。	＊緯度の示し方や高緯度という用語について復習する。 ■関心・意欲 　意欲的に発表する。（観察）
[展開] ・冷帯・寒帯地域の人々の生活	・写真から冷帯・寒帯地域の人々の衣食住について気付いたことをノートに記録する。 ・ノートに書いたことや写真から読み取ったことを発表する。 ・写真から読み取った事項をまとめる。	■資料活用 　写真から冷帯・寒帯地域の人々の生活の特色を読み取る。（作品の分析・観察） ■関心・意欲 　意欲的に発表する。（観察） ＊冷帯・寒帯の気候の特色を日本の気候（温帯）と比較させる。 ＊針葉樹林，ログハウス，毛皮を利用した服装などに注目させる。
[まとめ] ・冷帯・寒帯地域の人々の生活の特徴 　自然的背景 ・授業の課題 ・次時の予告	・冷帯・寒帯地域の伝統的な衣服，住居の自然的背景を考察する。 ・本時で学習した事項から興味を持った事項について，さらに調べる。	■思考・判断・表現 　冷帯・寒帯地域の人々の生活の特色の自然的背景について考察する。（発言の分析・観察） ■関心・意欲 　意欲的に調査する。（作品の分析） ■資料活用 　調査した事項を分かりやすくまとめる。（作品の分析）

④ 宗教と人々の生活(1)

学習内容	生徒の活動	＊＝指導上の留意点　■＝評価の観点 （　）＝評価方法
導入 ・世界宗教 ・民族宗教	・世界宗教と民族宗教についての説明を聞く。	＊キリスト教，イスラム教，仏教，ヒンドゥー教，神道などについて説明する。 ■関心・意欲 　意欲的に発表する。（観察） ■知識・理解 　世界宗教と民族宗教について知識を得る。
展開 ・世界宗教の分布	・世界白地図に三つの世界宗教の分布地域を着色することで示す。 ・三つの宗教が，どのようなところに分布しているかをノートに書く。 ・作成した分布図を見ながら，分布する地域の特徴を発表する。	■資料活用 　写真三つの世界宗教の分布図を作成し，分布する地域の特色をノートに書く。（作品の分析・観察） ■関心・意欲 　意欲的に発表する。（観察） ＊これまで学習した州，国名などを使って表現させる。 ＊イスラム教については，乾燥帯の分布と比較させる。
まとめ ・三つの世界宗教とヒンドゥー教 ・授業の課題 ・次時の予告	・三つの世界宗教とヒンドゥー教の分布地域と人口を調べる。 ・本時で学習した事項から興味を持った事項について，さらに調べる。	■知識・理解 　三つの世界宗教とヒンドゥー教の分布する地域とそれぞれの宗教の信仰する人々の人口を知る。（作品の分析・発言の分析） ■関心・意欲 　意欲的に調査する。（作品の分析） ■資料活用 　調査した事項を分かりやすくまとめる。（作品の分析）

⑤ 宗教と人々の生活(2)

学習内容	生徒の活動	＊＝指導上の留意点　■＝評価の観点 （　　）＝評価方法
導入 ・前時の復習	・世界宗教と民族宗教の分布地域，人口などについて復習する。	■関心・意欲 　意欲的に発表する。（観察） ■知識・理解 　世界宗教と民族宗教の分布地域と人口について知る。（発言の分析）
展開 ・宗教と人々の生活 ・イスラム教を信仰する人々の生活 ・イスラム教徒の生活（映像資料）	・宗教によって，様々な生活があることを聞く。 ・イスラム教を信仰する人々の生活についての資料を読み，読み取ったことをノートに書く。 ・ノートに書いたことを発表する。 ・イスラム教の生活について映像資料を見る。	＊日本が，一般的に宗教に関連する生活については寛容であることに触れる。 ■資料活用 　イスラム教徒の生活について，資料から読み取ったことを分かりやすく書く。（作品の分析・観察） ■関心・意欲 　意欲的に発表する。（観察） ■知識・理解 　イスラム教徒の生活について知る。（作品の分析・観察） ＊礼拝，巡礼，ハラーム食品，ラマダンなどに触れる。 ■資料活用 　イスラム教徒の生活について，映像資料から，その特色を読み取る。（作品の分析・観察）
まとめ ・宗教と人々の生活 ・授業の課題 ・次時の予告	・世界の宗教では，それぞれに決められた生活があることを知る。 ・本時で学習した事項から興味を持った事項について，さらに調べる。	■知識・理解 　世界の宗教と関連した生活について知る。（作品の分析・観察） ■関心・意欲 　意欲的に調査する。（作品の分析） ■資料活用 　調査した事項を分かりやすくまとめる。（作品の分析）

(2) 世界の諸地域

● 1　目指す資質・能力と指導内容の捉え方

　『解説』に示される本中項目の内容は，以下のとおりである。なお，下線や囲みは筆者によるものである。

> (2)　世界の諸地域
>
> > 　次の①から⑥までの各州を取り上げ，空間的相互依存作用や地域などに着目して，主題を設けて課題を追究したり解決したりする活動を通して，以下のア及びイの事項を身に付けることができるよう指導する。
> >
> > ①　アジア　　　　②　ヨーロッパ　　③　アフリカ
> > ④　北アメリカ　　⑤　南アメリカ　　⑥　オセアニア
>
> ア　次のような 知識 を身に付けること。
>
> > (ア)　世界各地で顕在化している地球的課題は，それが見られる地域の地域的特色の影響を受けて，現れ方が異なることを理解すること。
> >
> > (イ)　①から⑥までの世界の各州に暮らす人々の生活を基に，各州の地域的特色を大観し理解すること。
>
> イ　次のような 思考力，判断力，表現力等 を身に付けること。
>
> > (ア)　①から⑥までの世界の各州において，地域で見られる地球的課題の要因や影響を，州という地域の広がりや地域内の結び付きなどに着目して，それらの地域的特色と関連付けて多面的・多角的に考察し，表現すること。

この学習指導要領の内容について分析することで，本中項目が目指す資質・能力と指導内容の捉え方に迫る。

　指導内容であるが文中の下線の語句に注目したい。まず，「空間的相互依存作用や地域などに着目して」の部分であるが，ここは地理的分野の目標の(2)と関連する部分である。学習指導要領に示された「位置や分布，場所，人間と自然との相互依存関係，空間的相互依存作用，地域など」という五つの視点は，地理教育振興のためのガイドラインとして制定された地理教育国際憲章（1992）において地理学研究の中心的概念として示されたものによる。この五つの視点は，深い学びを実現するための「地理的な見方・考え方」を構成する地理ならではの視点であり，この視点に着目して授業を構成することは大変重要なことである。

　本中項目の授業を構成するに当たっては，特に「空間的相互依存作用」と「地域など」という視点を意識することが重要である。

　「空間的相互依存作用」とは，地域は相互的に関係を持ち，影響を及ぼし合っていることであり，この視点に着目すると，地域における財や情報の交換，人口移動による人々の協力など地域のつながりが見えてくる。また，地球的課題を扱う場合には，他地域との相互関係や影響に着目することが重要であり，この点からも「空間的相互依存作用」は大切な視点である。

　また，「地域など」とは，「固有の要素により特徴づけられた一定の空間的広がりをもつ区域」「意味のある空間的範囲」のことであり，地域に着目すると，地域的，国家的な一般的共通性や地方特殊性，さらには国際的な立場の理解へとつながり，地球的課題の追究の糸口となる。

　次に，この二つを学習の視点として学習活動に入るのだが，本中項目では「主題を設けて」とある。主題の設定については，その州で見られる地球的課題とともに，「その州で暮らす人々の生活の様子を端

的に把握できる」地理的な事象から教師が設定する。なお，主題の設定は，単元指導計画の軸となるので，上記の留意点に十分配慮し，単元全体の授業構想をイメージしながら吟味して設定する必要がある。

さらに，「課題を追究したり解決したりする活動」であるが，これは，今回の学習指導要領の改訂の基本的な考え方の一つである「主体的・対話的で深い学び」の実現に向けた授業改善（アクティブ・ラーニングの視点に立った授業改善）の推進と関係する部分である。ア（知識）及びイ（思考力，判断力，表現力等）の事項を身に付ける授業の設計では，この点を常に意識する必要がある。思考力，判断力，表現力等を養う授業はもちろんであるが，知識や技能を習得する授業においても，地域の特色に関する網羅的で細かな学習にならないよう留意する必要がある。

ここまでの内容を受けて本中項目で身に付ける事項が示されている。新学習指導要領では，育成を目指す資質・能力の三つの柱に基づき，「ア 知識 を身に付けること」と「イ 思考力，判断力，表現力等 を身に付けること」の二つに分けて示されるようになった。以下に身に付ける事項について分析する。

ア(ア)では，まず「地球的課題」を扱うことが示されている。地球的課題とは，「グローバル化する国際社会において，人類全体で取り組まなければならない課題」のことであり，『解説』では持続可能な開発目標（SDGs）が例として取り上げられている。また，「地球的課題は，地域的特色の影響を受けて，現れ方が異なる」とある。これは，「地球的課題は地球上の各地で現れる普遍的な課題であるが，各地域の地域的特色を反映させてその要因や影響，対処の仕方などが異なっていること」を意味しており，学習する地域の地域的特色や地方特殊性とを関連付けてその地域ならではの現れ方を理解させることが重要である。地球的課題は地球上の各地で現れる普遍的な課題であったとしても，地域ならではの現れ方があるならば，その対応も地域ならではの

対応になろう。身に付ける事項イの学習にもつながる部分である。また(イ)では「大観し」とあり,「各州の自然,産業,生活・文化,歴史的背景などについて概観し,その結果として基礎的・基本的な知識を身に付ける」ことを重視したい。網羅的で細部にこだわる授業展開にはならないよう注意してほしい。さらに,ここで習得した知識を後の学習に活用するとともに,大観学習が終わったときに,生徒が概略的な世界像が描けるように学習内容を工夫することが大切である。

また,イ(ア)では「広がりや地域内の結び付きなどに着目して」とあるが,地球的課題を地域という枠組みの中で考えていくことが大切である。さらに,「それらの地域的特色と関連付けて」とあるが,この中項目は,あくまでも諸地域を学習する中項目であるので,地球的課題の影響や要因を,各州における地域的特色と関連付けることが大切である。

● 2 授業構成のポイント

① 地域区分の捉え方

地域区分について『解説』では,以下のように示されている。世界の諸地域における地域区分は,学習指導要領に示されている①から⑥までの地域区分を基本とするが,地域の実態に合わせて弾力的に設定していくことが望ましい。

・具体的な地域区分の捉え方については,内容C「(2) 日本の地域的特色と地域区分」で取り扱う
・ただし,各州の地域的特色を明らかにする必要からそれぞれの州を幾つかに区分したり,取り上げる地理的な事象の特色を的確に把握する観点から州を越えた地域を設定したりして,それぞれの地域の特色を理解する学習を展開することも考えられる
・ロシア連邦の扱いについては,設定する主題との関連から,ア

> ジア州又はヨーロッパ州のいずれかに位置付けて扱う
> ・しかし，州規模で地域的特色を明らかにすることが大切であり，州を更に区分したり州を越えたりした地域を設定することによって，地域の特色を網羅的に細かく学習するのではないことに留意する必要がある

② 各州を取り上げる順序

各州を取り上げる順序についても教師の工夫が重要である。学習指導要領や教科書の順序にこだわりすぎることなく，各州のつながりや扱う地球的課題との関連，生徒の実態などに合わせて工夫することが重要である。

> ・設定された主題に対する生徒の理解しやすさなどを踏まえて検討することが必要
> ・既習内容，主題の難易度，生徒の生活経験，想定される学習活動，配当授業時数との関係などを勘案して展開することが大切である

③ 主題の設定

主題の設定については，以下の留意事項が「内容の取扱い」にあり，単元を構成する際は留意が必要である。

> ・そこで特徴的にみられる地球的課題と関連付けて取り上げる
> ・必ずしも州内全体に共通するものである必要はないが，「各州に暮らす人々の生活の様子を的確に把握できる」地理的な事象から既習内容，主題の難易度，生徒の生活経験，想定される学

> 習活動，配当授業時数との関係などを勘案して，教師が主題を設定する
> ・主題追究する時間確保の観点から各州一つまたは二つの主題に絞って展開する
> ・主題例はあくまでも例示であり，各学校において例示と異なる学習活動を展開することができる

なお，地球的課題については『解説』にSDGsに示された課題が例示されているが，主題の設定や授業展開においても参考にするとよいであろう。

● 3　授業展開例

ここでは，学習指導要領の主題例と学習の展開例に示された内容を基に，南アメリカ州の授業展開例を紹介する。

① 単元指導計画（全6時間扱い）

時数	学習項目	身に付けるべき事項
第1時	南アメリカ州の地形や気候	ア(イ)
第2時	南アメリカ州の民族と歴史	ア(イ)
第3時	南アメリカ州の農業と影響	ア(ア)，ア(イ)
第4時	南アメリカ州の工業と影響	ア(ア)，ア(イ)
第5時	ブラジルにおける環境問題	ア(ア)，イ(イ)
第6時	開発と環境保全との両立	イ(ア)

② 授業展開例（第5時）

	学習内容	指導上の留意点
導入	「フィッシュボーン」の写真を見て，地域の実態を考える。	農地への変化を読み取らせ，第3時と関連付けて日本との関連に気付かせる。
展開	ブラジルでは森林の耕地化が進んだ結果，どのような問題が生じているのか。	
	森林の耕地化の問題について，以下の点についてジグソー法を用いて調べる。 ・伐採地での生産物とその使用について ・生産した農産物の輸出量や輸出先について ・農地拡大の状況や影響について ・他地域で森林伐採が進んでいる地域について	・事前に分担した担当に合わせて用意した資料を活用させる。 ・前時までの学習や既習事項の内容を活用させる。 ・エキスパートグループで調べたことをジグソーグループに戻して共有させる。
	ブラジルが開発と環境保全を両立し，持続可能な地域となるために解決が必要な課題は何だろうか。	
	・グループで話し合う。 ・グループごとに発表する	・発表することを意識して話し合わせる。
まとめ	・本時までの学習したことを基に，個人で再度考え，文章にまとめる。	・学習したことを踏まえて，最終的な自分の考えを論じさせる。

C 日本の様々な地域

● 1 目指す資質・能力

　この単元は現行の「(2) 日本の様々な地域」の内容を引き継いだ形で構成されている。またAの単元において「世界と日本の地域構成」，Bにおいて「世界の様々な地域」を学習した後の学習であることから，資料を基にした調査や考察，表現に一層の進展を図ることをねらっている。また，身近な地域の調査として最後にあった学習を，最初に「(1) 地域調査の手法」としたことで，調べることについて充実させた。地理的分野の目標に照らすと，この大項目においても育成を必要とする資質・能力は「①地域的特色の理解と調査や資料から地理に関する情報を効果的に調べまとめる技能，②多面的・多角的に考察したり，地理的な課題の解決に向けて公正に選択・判断したりする力，思考・判断したことを説明したり，それらを基に議論する力，③課題を主体的に追究，解決しようとする態度と多面的・多角的な考察や深い理解を通して涵養される我が国の国土に対する愛情」に他ならない。しかし，ここで取り上げる内容が日本の様々な地域であることから世界と日本の地域構成や世界の様々な地域の学習を活かした知識・理解や，より適正な資料を選択したり情報を収集したりする力を養うことが求められる。また，「思考力，判断力，表現力等」についても，世界や日本の地域構成，世界の様々な地域と比較して地理に関わる事象を捉えさせたり，地理的な課題として捉えることが必要となる。

　「学びに向かう力，人間性等」についても具体的な活動も含めて，人間の営みとの関連を図りながら学習課題を設定し，追究する学習を通し，日本や自分の住む地域への思いを深くさせることができる。このことにより目標の「愛情を育む」ことが実現できる。

　このようにして多面的・多角的な考察や深い理解による学習への資質・能力の育成を図るものである。

2 指導内容の捉え方

この項は「(1) 地域調査の手法」「(2) 日本の地域的特色と地域区分」「(3) 日本の諸地域」「(4) 地域の在り方」の四つの中項目で構成されている。(1)で扱う対象地域は学校周辺としているが，学習の効果を高めることが期待できるときはＣの(3)の中学校を含む地域の学習やＣの(4)と結び付けて扱うことができるなど，この項全体を計画的に捉えて扱うことが求められている。(2)については四つの項目（①自然環境，②人口，③資源・エネルギーと産業，④交通・通信）について構成し，多面的に理解するよう指導内容を考える。そのため，これらの項目に基づいて地域区分をし，それらを学習することで，我が国の，国土の地域的特色を多面的・多角的に考察し，表現することができるようにする。この際の地域区分については地域の等質性に着目したり，行政区分にしたりすることができる。また，機能的に結び付く範囲など行政区分に基づかない地域もあることから，地域を区分する技能も育成できるようにする。(3)については日本の諸地域を動態的な地誌として捉えるよう工夫する。(4)については地域の課題解決のための取組を実態に応じて理解したり，表現したりする活動である。

3 学習の特色

この項の学習は，地理的分野の学習の最後に構成されており，世界と日本の地域構成，世界の諸地域の学習の上に成り立つことから，地理的分野の目標に直接的に結び付いていると考えられる。広い視野から国土の認識を深め，地理的事象への見方・考え方を育成する内容となっている。地理的事象を読み取る技能や表現する力をどう学習すれば身に付くかを考え，学習を構成していく。地域的特色を学習する際は歴史的分野との連携，歴史的背景にも留意する必要があることもこの大項目の学習の特色である。

(1) 地域調査の手法

1　目指す資質・能力と指導内容の捉え方

　この中項目は今回新設された。現行の内容(1)のエ「世界の様々な地域の調査」と(2)のエ「身近な地域の調査」の二つの内容が調査の方法を学ぶ点で共通することから，一つに統合された。また，身近な地域の調査が学習の最後に位置付けられていたが，地図の見方などの基本的な学習を最初に行うことで，次の内容の地域区分ができるようになると考えられるため，最初に学習することとした。

　ここで目指す資質・能力の第一は「調べ方を学ぶ」である。地域を実際に見る，調査することにより育成される，調査の対象を探す視点や方法を学ぶ。生徒の直接経験地域であることから観察対象を焦点化することができ，知識や調査の技能とその知識や技能により獲得した地域の特色を考察したり表現したりする能力である。今回の改訂で内容Cの最初に「地域調査の手法」として調査するために必要となる知識や技能の獲得を図り，そこから多面的・多角的に考え，地域の特色についての見方や考え方を捉えるよう構成された。

　どのように学ぶかという観点で考えると，この中項目は「実際に調査して学ぶ」ということである。新学習指導要領では身に付けたい「知識及び技能」に関わる事項については，ア(ア)「観察や野外調査，文献調査を行う際の視点や方法，地理的なまとめ方の基礎を理解すること」，(イ)「地形図や主題図の読図，目的や用途に適した地図の作成などの地理的な技能を身に付けること」と示されており，また「思考力，判断力，表現力等」に関わる事項については，イ(ア)「地域調査において，対象となる場所の特徴などに着目して，適切な主題や調査，まとめとなるように，調査の手法やその結果を多面的・多角的に考察し，表現すること」と示されている。

　その後の日本の諸地域等の学習をする上で必要な力を育成するようになっている。

このような資質・能力を育成するための指導内容については特に，身近な地域は対象として実際に目に触れることができ，調査を実施する上でもそこに行くことができるため，「場所」に着目して学習を進める。地域の実態に応じた課題を追究したり解決したりする活動ができるよう指導内容を工夫する。

　また，実際の調査に当たっては，調査の対象を選ぶことから始まり，課題を設定して追究する活動を取り入れる。対象を選ぶ際，『解説』によれば，「視点」としては，「生徒にとっての直接経験地域であることを踏まえて，観察対象の焦点化，野外調査方法の吟味，文献資料の収集などの適切な視点を意味し」とある。生徒が調査できる地域であるからといって単純に調べさせるということではなく，何を学ばせるかという指導者の焦点化，文献資料のねらいなど，指導に当たって留意しなければならないということである。

　この調査を進めるためには，活動に適した時期を定め，年間計画の中で適切に位置付け，訪問先や聞き取りの実施時期が地域の方々の理解を得た形となるよう配慮が必要である。そのためには教科の枠だけでなく，他教科や学校行事等に関わる学校としてのカリキュラム・マネジメントが必要となる。

　対象となる地域の事象を定めた後，留意する点としては，「内容の取扱い」で(5)ア(ア)「地域調査に当たっては，対象地域は学校周辺とし，主題は学校所在地の事情を踏まえて，防災，人口の偏在，産業の変容，交通の発達などの事象から適切に設定し，観察や調査を指導計画に位置付けて実施すること」と示していることから，どの切り口で指導するかを決める必要があることである。設定する事象はどの地域にも見られる特色であるが，調査をしたことで地域の認識を深める，多面的・多角的に考察できる，調査の技能を高めることができるといったことが必要である。加えて，この地域の調査で学んだ方法は，これ以降の文献や資料による調査などに生かされることを踏まえ，丁寧に学習さ

せたい。

● 2　授業構成のポイント

　この中項目については,「内容の取扱い」で先述のとおり「地域調査に当たっては,対象地域は学校周辺とし,主題は学校所在地の事情を踏まえて,防災,人口の偏在,産業の変容,交通の発達などの事象から適切に設定し,観察や調査を指導計画に位置付けて実施すること」とされている。ここで大切なのは学校所在地の事情である。身近な地域の調査は生活の実体験があり,実際に自分たちが歩いて調査することも可能な範囲なので,景観や縮尺の大きな地図から情報を読み取ることもできる。それらの資料を活用した授業が展開され,他の地域の特色の理解を進める上で汎用性が出てくることになる。

　防災以下の各事象のどのことをどの程度取り上げると,地域の実情が理解できるのかということを考えて設定することが必要となる。例えば,人口の密集している都心にあって,地域的にほぼ同質なところで人口の偏在を取り上げても地域の実情が必ずしも明確になるかどうか不明である。防災についてもそれぞれの地域の課題となっていることは異なる。指導内容は適切に設定し,計画的な指導をしたい。

　この中項目における時間数の配分についても一考したい。地理的分野の時数が5時間減じられた理由として,世界の地域を調べる方法と日本の地域を調べる方法に重なりがあり,それらを精選したことによる地理的分野の時数減であると考えられる。したがって,この中項目でも調査の方法として他の単元や項目と関連することで時数に変化が生じる可能性もある。しかし,「内容の取扱い」の(5)ア(イ)では,「様々な資料を的確に読み取ったり,地図を有効に活用して事象を説明したりするなどの作業的な学習活動を取り入れること。また,課題の追究に当たり,例えば,防災に関わり危険を予測したり,人口の偏在に関わり人口動態を推測したりする際には,縮尺の大きな地図や統計その他の資料を含む地理空間情報を適切に取り扱い,その活用の技能を高

めるようにすること」とあり，この中項目が実際の調査や資料の有効な活用，地域調査から考えられる地域の展望や将来の予測などにもつなげることができるようになっている。そのため，指導内容を安易に他の内容で行うなどして大幅な時数減とならないよう配慮する。

ここでの授業構成は次のように考えることができる。

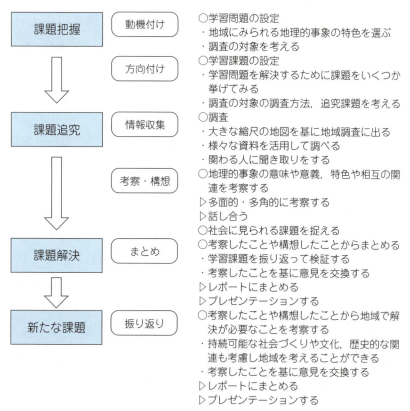

※教育課程部会社会・地理歴史・公民ワーキンググループ
「社会科，地理歴史科，公民科における学習過程のイメージ」を参考に作成

「(3) 日本の諸地域」の地域区分を学校所在地の事情を考慮して適切に定めることや，「(4) 地域の在り方」と結び付けて学習の効果をねらうことができるようにしてあるのはこの中項目の学習を活かす観点か

らである。

　課題把握から課題追究，課題解決の過程で「(3) 日本の諸地域」を学習する上で効果的な内容として取り上げられ，新たな課題を追究する過程で「(4) 地域の在り方」と結び付けて指導することができる。

　このように関連させることは，生徒に多面的・多角的に考察する力を育成する上で大事な学習となる。

● 3　授業展開例

　この中項目では『解説』に，地域の防災を取り上げた際の学習展開例が示されている。地域調査の視点の中で防災が取り上げられたことは，近年頻繁に起きている地域の災害に目を向けることやこれからの地域の在り方を考えるときに避けて通れない課題であるからである。災害がなぜその地域に起きるのか，地形や自然や開発がどのように影響したのか，ここでは地理的な事象を基に考察することになる。自治体のハザードマップ等，資料としても新たな視点から活用できるものが取り上げられた。

　人々が災害から身を守るにはどうしたらよいかといった課題意識に基づいて主題設定する場合，具体的な地理的な課題から取り上げる事象を決めるとし，手順としては次のように例示された。

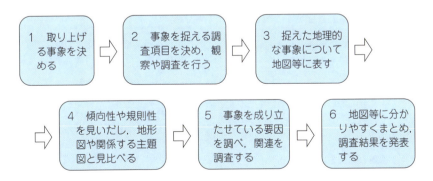

【指導案】

単元の指導計画

第1時　地域の課題は何か話し合う

第2時　事象を捉える調査項目を決める　地形図や主題図を読む

第3時　調査項目を調べる　野外調査や観察をする（本時）

第4時　調べた事象を地図に表す

第5時　傾向性や規則性，要因等を考察する

第6時　結果を地図やグラフにまとめ発表する

本時のねらい

　○いくつかの調査項目を調べるために必要な野外調査や観察をする。

本時の評価

　○調査に必要な資料を読むことや地図を読むことができている。

（知識・技能）

　○自分で計画をして調査し，特徴をまとめようとする。

（思考・判断・表現）

	主な学習活動	指導上の留意点と【評価】
導入	前時までに考えたことを基に調査の対象を確認する。	調査は適切な人数に分け，班等の場合協働して調査に当たらせる。
展開	次のような調査をする。 ①地図と実際の様子を比べる。 ②地形や住宅等地域の特色を形成する分布等を確認する。 ③文献で示された様子と実際を比べる。 ④必要に応じ，地域の特色を形成する職業や防災等に関わる人に話を聞く。 ⑤その事象を成り立たせることや事象の影響を受けていることを見つけ，要因を考える。	地図をはじめ，景観の資料等，実際と比べてどうか，比較させる。【技能】 比較し，資料と実際が同じであればどのような特色があると言えるか考えさせる。【思考】 聞き取りの内容を調査の前にあらかじめ準備しておく。話を聞く際，適宜メモをとらせる。【思考】【技能】 成り立たせることや影響を受けている事象について要因を考え，表現することができている。【思考・判断・表現】
まとめ	調べたことをメモ等に残し，次時の資料とする。	

(2) 日本の地域的特色と地域区分

● 1　目指す資質・能力と指導内容の捉え方

　この中項目では，①自然環境，②人口，③資源・エネルギーと産業，④交通・通信の４項目を取り上げ，分布や地域などに着目して，課題を追究したり解決したりする活動を通して，生徒に知識や技能，及び思考力，判断力，表現力等を身に付けさせることとなっている。この四つの項目については，次の中項目「(3) 日本の諸地域」を捉える中核となる考察の仕方にもなっている。すなわち，世界の様々な地域の学習で習得した見方や考え方，知識や技能を定着・深化させながら，この後の学習の基礎となる視点を養っていく単元であるとも言える。

　『解説』によるとこの中項目では，「分布や地域などに関わる視点に着目して，我が国の国土の地域区分や区分された地域の地域的特色を多面的・多角的に考察し，表現する力を育成することを主なねらいとしている。そうした学習の全体を通して，我が国の国土の地域的特色と地域区分の方法や意義を理解できるようにすることが求められている」（下線は筆者による）とある。

　分布に関わる視点については，「地域がもつ共通点や差異から傾向性を見いだし地域区分して捉えることなどが考えられる」と例示されているように，等質地域（ある指標を基に他と異なる共通した性質をもつ地域）としての空間的なまとまりを見いだすことが活動の中心となる。この中単元で学習する内容に照らして考えると，火山や震源地の分布，山地や平野の分布，気温や降水量の分布，人口の粗密，各種工場の分布，工業生産額の分布などが，分布をつかませる事例として考えられる。このような分布の事例などを用いながら，日本の地域的特色を見いださせたり，共通点や差異などから地域区分を考察・表現させたりする活動を通して，思考力，判断力，表現力等を養ったり，様々な角度から捉えるとその分布に偏りがあること，日本という地域はさらにいくつかの地域に区分できることを理解させたい。この際，統計

資料や分布図などの資料を読み取ったり，統計などの資料を地図化・グラフ化する作業（分布図，人口ピラミッドなどの作成）を取り入れたりすることが有効であろう。

　地域に関わる視点については，「特定の地域的特色をもつ範囲を一つのまとまりとして，その範囲がもつ働きや他の範囲との関係などを捉えることなど」と示されているように，ある視点から区分された地域について，他の地域と比較したり関連付けたりすることで特色を明らかにしたり，共通点を見いだしたりする活動が考えられる。具体的には，産業の盛んな地域を見いだした後に，「その地域はどのような産業が盛んな地域か」「その産業を成立させている背景にはどのような違いや共通点があるか」など，多面的・多角的に考察させる活動が考えられる。また，「日本という地域は全体としてどのような特色がある地域か」という問いを単元の学習の最後に投げかけ，国レベルの地域的特色を大観しまとめさせる学習や，自分が住む場所が含まれる地域（例えば，関東地方）の特色について他の地域と比較しながら表現するなど，地域の規模を変えて考察させる活動などが考えられる。さらに，日本を２ないし３に分ける地域区分や，いわゆる七地方区分のような形式的な地域区分についても，地形や気候，文化的な差異や地域間の結び付きの強弱，歴史的背景などを背景として地域区分がなされているといった地域区分の背景を生徒に考察させたりする活動も考えられる。

　以上のように，地理的な見方や考え方を働かせて作業したり，多面的・多角的に考察したりする活動を通して，思考力，判断力，表現力等を養い，知識や技能を育てていきたいところである。

● 2　授業構成のポイント

　前項で述べたような単元の指導内容を授業レベルでの活動に落とし込み，その流れを構造的に考えてみると，分布の視点から地域を見いだす活動は生徒の活動が帰納的になるのに対し，地域の視点から地域

的特色について考察していく活動は演繹的な活動形態になると言えるのではないだろうか。

　具体的に述べると，分布の視点を生かす部分では「○○の分布（広がり，粗密，高低など）はどのようになっているか？」という問いを中心に作業等の活動をさせ，生徒の気付きから地域区分を見いだしたり地域的特色や地域区分としてまとめていくことが主な活動として考えられる。この過程で生徒は，諸資料から分布の様子を読み取り，気付いたことを交流したり統合したりする中で，分布の様子を言語化し，概念として理解していく学習過程をたどる。このことを「帰納的」と呼んだ。

　一方で，地域の視点を生かす部分では「この地域（区分）はなぜこのような特色が見られるのだろう？」などの問いを中心に，結果から原因を考察させ，対話を通して生徒の多様な考察結果を交流させるなどしながら，地域についての説明的知識の形成を図るといった活動が主となる。このことを「演繹的」と呼んだ。また，「この地域が○○な要因は，他の地域でも当てはまるだろうか？」など，地域の成り立ちについて得た説明的な知識を概念として一般化し，他の地域に転用できるかなど，概念的知識形成をしていくことも地域の視点を生かす部分の展開として考えられる。

　これらのことを意識しながら，地理的事象を捉えさせたり考察させたりするための「問い」を明確に与えながら授業を展開したいところである。

　また最初に述べたように，この中単元での学習内容は，この次の「日本の諸地域」単元における地域を捉える視点の基礎となる。世界の諸地域学習等，以前の単元で学習した見方・考え方や知識・技能を活用させ，一層その定着や深化を図っていくことができるよう，また，本単元で学習した内容を次の単元へとつなげていけるよう留意していきたいところである。自然環境について具体的に例を挙げると，「世界

各地の人々の生活と環境」の単元では、雨温図について読み取る技能を身に付けるとともに、世界の大まかな気候分布について学習し、理解していることだろう。本単元ではそれらを活用し、世界の中での日本の気候の位置付け（温帯や冷帯）、国内諸地域に見られる気候の違いとその分布（気候区分）について、気候の違いをもたらす背景となる地形や海流などの様子と結び付けながら学習を進めるということである。こうして得た知識や概念が、日本の諸地域学習の自然環境を中核とした地域的特色を見いだす活動に生かされる、という流れである。

　これとは別に、歴史的分野・公民的分野、あるいは他教科等との学習内容の関連にも留意しつつ、限られた時間の中で内容の精選を図りながら適切に指導を進めていきたいところである。

　なお、いずれの活動においても、教科用図書「地図」を大いに活用して授業することを十分意識してほしい。

● 3　授業展開例

　中項目の中の四つの小項目のうち、①自然環境と、地域区分の内容に絞って単元の構成及び授業展開例について以下に示す。気候区分をきっかけとし、様々な地域区分に目を向けていくのが本時の特色である。対象は東京都の中学2年生、実施時期は1学期を想定した。

　なお、以下はあくまでも展開例であるため、実際の授業は各学校所在地及び生徒の実態等に合わせて、担当教員が適切に設計していく必要があることは言うまでもない。

第2節 地理的分野の改善と授業構成（地理C(2)）

【展開例】 C(2)日本の地域的特色と地域区分 ①自然環境

	教師の「問い」と主な活動 (生徒に思考・判断・表現させたいこと)	生徒に身に付けさせる知識・概念や技能
1	・日本はどのような島から成り立つ国だろう。 ・日本列島の周りの海や海底にはどのような様子が広がっているのだろう。 ・大陸棚や海流があることで，日本にはどのような影響があるだろう。	・我が国の国土は周りを海に囲まれ，本州・北海道・九州・四国などの多くの島から構成されている。 ・近海に大陸棚が広がり，寒暖流が出会うなど，世界的な漁場が広がっている。 ・世界的に漁業が盛んであったり，寒流や暖流の影響で気候に影響が出る場合がある。
2 本時	・世界の地形はどのようになっていたのだろう。また，日本の地形はどうだろう。 ・なぜ日本は山がちな地域なのだろう。 ・山は，どういったところに分布しているのだろう。 ・地震や火山が多いことでのメリットやデメリットにはどのようなものがあるだろう。	・我が国は環太平洋造山帯に属しており，地震や火山が多い不安定な大地上に位置している。 ・我が国は国土のおよそ4分の3が山地の山がちな国である。 ・フォッサマグナを境に，西南日本では東西方向に，東北日本には南北の方向に背骨のように山脈が走っている。 ・津波や土砂崩れ，液状化などの災害が起こるが，温泉や地熱発電など暮らしによい影響も与えている面もある。
3	・日本の川は，世界に比べてなぜ短く急流なのだろう。 ・川の三つの働きによって，川の流域にはどこでどのような地形が見られるだろう。また，その地形はどのように利用されているのだろう。 ・川の河口や海岸線にはどのような地形が形成されているだろう。	・川は中央部の標高が高い所から海に向かって流れるため短く流れが急であり，大雨時に洪水による災害が起こる。 ・川の作用に伴ってできた地形である扇状地や三角州が見られたり，堆積平野の特色をもった規模の小さな平野が臨海部に点在している。 ・海岸線では砂浜海岸や岩石海岸，地震活動に伴ってできたリアス海岸などから構成される多様な景観が見られる。
4	・日本の気候は，世界の気候区分の中ではどの気候に位置付き，それはどういった特色をもつ気候だったか。 ・温帯の中でも雨温図に違いが見られるが，どのような違いがあるか東京（所在地）と比較し見いだそう。 ・同じような気候はどの範囲に分布しているか調べよう。	・我が国の多くは温帯に属しており四季がはっきりしている。 ・海流やモンスーン，台風の影響もあって降水量も多く，森林・樹木が成長しやすい。 ・南と北，太平洋側と日本海側，内陸部と臨海部とで，気温，降水量とその月別の変化などに違いが見られる。 ★雨温図の読み取りの技能 ・気候によって日本はいくつかの地域に区分ができる。

5	・地域区分には他にどのようなものがあり，何をもって地域区分しているか考えよう。 ・天気予報ではどのような地域名で同じ天気の範囲を表現しているか見いだし，その地域区分をした理由について調べよう。	・一般的に用いられている形式的な七地方区分や，文化的，歴史的な地域区分なども存在している。 ・天気予報では様々な地域区分が使われているように，地域区分には目的や視点によって大小様々なものがある。
6	・これまでの学習で，日本全体やある一定の地域ではどのような災害が起こりやすかったか話し合おう。 ・災害を防ぐためにはどのような対策が考えられるか話し合おう。 ・災害を未然に防いだり，災害が起こったときにどのような人がどのような働きをしているか，何のためにしているのか，自分たちには何ができるか考えよう。	・大規模な地震や津波，台風などの多様な自然災害が発生しやすい地域が多い。 ・早くから防災対策に努めてきた。 ・防災や災害時の対応，復旧・復興の際には，様々な立場の人が連携して人々の生命や安全確保のために活動している。

【単元の構造図】　学習内容の関連を意識するため，図で示したもの

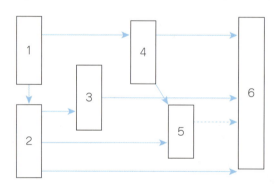

第2節　地理的分野の改善と授業構成（地理C(2)）

【本時の指導例】　第2時　「日本の地形の特色」

○本時のねらい　我が国の地形の特色を分布や地域の視点を活かして考察させ，その過程で見いだした，造山帯に位置し，山がちで地震や火山が多いといった特色について認識させる。

展開	教師の「問い」と主な活動	活用する資料⇒生徒に身に付けさせる知識・概念や技能
導入	・地形とはどのようなものを指す言葉か確認した上で，日本の地形にはどのようなものが多いか予想させる。	資料：代表的な地形の写真
展開	・日本の主な山は，日本のどのあたりにどのように分布しているか。小グループごとに白地図にシールを貼って，その結果を言葉で表現してみよう。 ・日本の山地はどのくらいの割合か数字で表してみよう。 ・山地の割合は，世界的に見ると多いのだろうか，少ないのだろうか。地図を見て話し合おう。 ・なぜ日本は世界の中でも山がちな地域なのだろう。教科書や地図帳からその理由となりそうなことを見つけよう。 ・造山帯に位置している地域では，山が多いこと以外にどのような様子が見られるのだろう。 ・地震や火山が多いことでのメリットやデメリットにはどのようなものがあるだろう。	資料：地図帳 ⇒西南日本では東西方向に，東北日本には南北の方向に背骨のように山脈が走っている。境目はフォッサマグナのあたりである。 資料：山地と平地の割合（日本，世界） ⇒我が国は国土のおよそ4分の3が山地である。 資料：地図帳　世界の地形分布 ⇒日本は世界の中でも山がちな国である。 資料：造山帯の分布図 ⇒我が国は環太平洋造山帯に属しており，地震や火山が多い不安定な大地上に位置している。 ⇒地震が多い，津波が起こる，火山の噴火が見られる，など災害が発生しやすい。 ・津波や土砂崩れ，液状化などの災害が起こるが，温泉や地熱発電など暮らしによい影響も与えている面もある。
振り返り	・この時間で学習したポイントを，次の時間までにB6カードにまとめてこよう。	★要点をまとめるなど，学習内容を整理し，関連付けをしてまとめる技能や自ら学ぶ態度

【参考文献】
○岩田一彦『社会科固有の授業理論　30の提言―総合的学習との関係を明確にする視点―』明治図書出版，2001年

(3) 日本の諸地域

1 目指す資質・能力と指導内容の捉え方

　日本の諸地域では、いくつかの地域に区分した日本のそれぞれの地域について、空間的相互依存作用や地域などに関わる視点に着目して、中核となる事象の成立条件を、他の事象やそこで生じる課題と有機的に関連付けて多面的・多角的に考察し、表現する力の育成を主なねらいとしている。「空間的相互依存作用」の視点に着目すると、「この地域は、他の地域とどのような関係をもっているのか」「なぜ、そのような結び付きをしているのか」といった問いを立てて地域的特色を追究することが考えられる。また、「地域」の視点に着目すると、「その地域はどのような特色があるのか」「他の地域とどこが異なっているのか」「なぜ、そのようになったのか」といった問いを立てて地域的特色を追究することが考えられる。この中項目では、このように社会的事象の地理的な見方・考え方を働かせて、①から⑤までの考察の仕方（本書p.104参照）に基づいて、中核とした事象と他の事象とを有機的に関連付け、動態的に地域的特色の成り立ちを考察していく。

　そして、このような考察の過程を通して、いくつかの地域に区分した日本のそれぞれの地域について、その地域的特色や地域の課題を理解するとともに、①から⑤までの考察の仕方で取り上げた特色ある事象と、それに関連する他の事象や、そこで生じる課題について理解し、その知識を身に付けることを目指している。

　「日本の諸地域」の学習は、日本の様々な地域を地誌的に取り上げて我が国の国土に関する地理的認識を深めるもので、小、中、高等学校の一貫性の観点から見ると、中学校社会科の地理的分野を特色付ける学習となっている。ただし、それぞれの地域の学習で「どのような地域なのだろう」といった問いを基に自然、産業などの項目を並列的に取り上げ静態的に学習していくと、学習内容が過剰となり、生徒の学習負担が大きくなるとともに、地域的特色を理解することも困難と

なる。そこで，①から⑤までの考察の仕方を基にして，地域の特色を端的に示す地理的な事象を中核として，「なぜ，そのような特色が見られるのか」といった問いを立て，地域の特色ある事象と他の事象とを関連付け，動態的に取り扱っていくことを押さえておく必要がある。

「国内をいくつかの地域に区分して取り上げること」については，「日本の地域的特色と地域区分」で取り上げた地域区分の学習を踏まえるとともに，地域の規模や等質地域，機能地域といった地域の捉え方などに留意して地域を区分することが大切である。その際，地理的分野の目標は，国土のすみずみまで細かく学習しなくても達成できるということなどに配慮して，細分化しすぎないようにすることが大切である。なお，この中項目では，区分した日本の諸地域の数の項目からなる小項目で構成することとなる。

このように，「日本の諸地域」のねらいや動態的に取り扱うこと，地域区分の仕方は，平成20（2008）年告示の学習指導要領を踏襲していると捉えられる。

2 授業構成のポイント

「日本の諸地域」の授業構成のポイントとして，調べ，追究する学習活動を通して地域的特色や地域の課題を捉えるようにすること，追究の仕方として「①から⑤までの考察の仕方」に基づいて，動態的に取り扱うことを押さえる必要がある。

調べ，追究する学習活動について，次のような構成が考えられる。
○地域の特色を示す地理的事象を見いだす段階
○中核とした地理的事象を他の事象と関連付けて追究する段階
○追究した過程や結果を表現する段階

実際の学習展開について，地理的分野の目標を踏まえるとともに，次の点に留意して考えていく必要がある。
・「調べる」学習活動を展開する際に，「内容の取扱い」(2)イの「地図の読図や作図，景観写真の読み取り，地域に関する情報の収集

や処理などの地理的技能を身に付けるに当たっては、系統性に留意して計画的に指導すること。その際、教科用図書『地図』を十分に活用すること」に配慮する。
・中核とした地理的事象を他の事象と関連付けて追究する際に、多様な視点から関連付けを図り、多面的・多角的な考察となるようにする。その際、「内容の取扱い」(5)ウ(ウ)の「地域の考察に当たっては、そこに暮らす人々の生活・文化、地域の伝統や歴史的な背景、地域の持続可能な社会づくりを踏まえた視点に留意すること」に配慮する。また、「内容の取扱い」(2)アの「世界や日本の場所や地域の特色には、一般的共通性と地方的特殊性があり、また、地域に見られる諸事象は、その地域の規模の違いによって現れ方が異なることに留意すること」に配慮する。

　「考察の仕方」について、平成20(2008)年告示の学習指導要領との違いとして、七つ設定されていた考察の仕方が五つになり、その取扱いが変わったことに留意する必要がある。「①から⑤までの考察の仕方」とは、「① 自然環境を中核とした考察の仕方」「② 人口や都市・村落を中核とした考察の仕方」「③ 産業を中核とした考察の仕方」「④ 交通や通信を中核とした考察の仕方」「⑤ その他の事象を中核とした考察の仕方」の五つである。

　新学習指導要領では、「内容の取扱い」(5)ウ(イ)で「学習する地域ごとに①から⑤までの考察の仕方を一つ選択すること」「①から④までの考察の仕方は、少なくとも一度は取り扱うこと」と示されている。また、「⑤ その他の事象を中核とした考察の仕方」については、取り上げる地域の地域的特色や地域の課題を追究する上で、適切な「考察の仕方」を適宜設定することが可能であることが示されている。例えば、七地方区分で学習する場合、新学習指導要領では幾つかの考察の仕方を複数回設定することになる。これにより、学習する地域の特色を捉えるのに適切な考察の仕方をより柔軟に設定できることとなった

のである。なお,同一の「考察の仕方」を複数回設定する場合,既習の地域の学習を参考にしたり,比較したりするなどして習熟の度合いを高めて考察できるよう授業展開を工夫していくことが望まれる。

● 3 授業展開例

この中項目を,七地方区分を基にして取り上げ,①から④までの考察の仕方を位置付けた構成例と,その授業展開の概略を示す。

九州地方	「自然環境を中核とした考察の仕方」を基に,自然環境が地域の人々の生活・文化や産業などと深い関係をもっていることや,自然災害に応じた防災対策が地域の課題となることについて考察する。
中国・四国地方	「交通や通信を中核とした考察の仕方」を基に,交通・通信が地域の産業,人口や都市・村落などと深い関係をもっていることや,地域間の結び付きの整備が地域の課題となることについて考察する。
近畿地方	「人口や都市・村落を中核とした考察の仕方」を基に,人口や都市・村落が人々の生活・文化や歴史的な背景,産業,交通などと深い関係をもっていることや,持続可能な開発が地域の課題となっていることについて考察する。
中部地方	「産業を中核とした考察の仕方」を基に,産業が地域の自然環境や歴史的な背景,交通・通信などと深い関係をもっていることや,産業の振興と環境保全の両立が地域の課題となっていることを考察する。
関東地方	「交通や通信を中核とした考察の仕方」を基に,交通・通信網が産業や人口,都市,他地域との結び付きに深い関係をもっていることや,交通網の一極集中による弊害の解消が地域の課題となることについて考察する。
東北地方	「人口や都市・村落を中核とした考察の仕方」を基に,人口や都市・村落が人々の生活・文化や産業,交通・通信などと深い関係をもっていることや,過疎・過密問題の解決が地域の課題となっていることについて考察する。
北海道地方	「自然環境を中核とした考察の仕方」を基に,九州地方とも比較して一般的共通性と地方的特殊性の視点を踏まえながら,自然環境が地域の人々の生活・文化や産業などと深い関係をもっていることや,自然環境に応じた産業振興や開発が地域の課題となることについて考察する。

次に,中国・四国地方を取り上げて,「交通や通信を中核とした考察の仕方」を基にした場合の授業展開例を示す。ここでは配当時間を5時間と設定する。

【目 標】

中国・四国地方について,交通や通信を中核とした考察の仕方を基に多面的・多角的に考察し,その地域的特色や地域の課題を理解する。

【展　開】

時	授業展開の概略
第1時	〈地域の特色を示す地理的事象を見いだす〉 □ 位置，地形や気候の特色，主な都市の位置と人口，産業に着目して，中国・四国地方の様子を概観する。 □ 年代の異なる二枚の地図を比較して，中国・四国地方の交通網の整備が進んでいることを捉え，「交通網や通信網の整備により，地域間の結び付きや人々の生活や産業は，どのように変化しているのだろう」といった問いを立てる。
第2時	〈中核とした地理的事象を他の事象と関連付けて追究する〉 □ 瀬戸内海の海上輸送，本州四国連絡橋の開通と高速道路網の整備など交通網の発達と，人々の生活や産業などを関連付け，人々の生活や産業の変化について考察する。
第3時	□ 高速道路の開通と，産業や人口などを関連付け，陸運や海運による他地域との結び付きの特色や，交通網の整備に伴う地域の変容について考察する。
第4時	□ 交通網の広がりと人口・都市・村落や産業を関連付け，交通網の整備が地域の課題となっていることや，通信網の整備による人々の生活の変化について考察する。
第5時	〈追究した過程や結果を表現する〉 □ 第1時から第4時までの学習で追究した過程や結果を白地図に書き込み整理するとともに，自分なりに捉えた中国・四国地方の地域的特色や地域の課題を文でまとめる。

(4) 地域の在り方

● 1　目指す資質・能力と指導内容の捉え方

「C　日本の様々な地域」「(4) 地域の在り方」について，内容及び内容の取扱いは次のように示されている。

> (4)　地域の在り方
> 　　空間的相互依存作用や地域などに着目して，課題を追究したり解決したりする活動を通して，次の事項を身に付けることができるよう指導する。
> 　ア　次のような知識を身に付けること。
> 　　(ア)　地域の実態や課題解決のための取組を理解すること。
> 　　(イ)　地域的な課題の解決に向けて考察，構想したことを適切に説明，議論しまとめる手法について理解すること。
> 　イ　次のような思考力，判断力，表現力等を身に付けること。
> 　　(ア)　地域の在り方を，地域の結び付きや地域の変容，持続可能性などに着目し，そこで見られる地理的な課題について多面的・多角的に考察，構想し，表現すること。
>
> (内容の取扱い(5))
> エ　(4)については，次のとおり取り扱うものとする。
> 　　(ア)　取り上げる地域や課題については，各学校において具体的に地域の在り方を考察できるような，適切な規模の地域や適切な課題を取り上げること。
> 　　(イ)　学習効果を高めることができる場合には，内容のCの(1)の学習や，Cの(3)の中の学校所在地を含む地域の学習と結び付けて扱うことができること。
> 　　(ウ)　考察，構想，表現する際には，学習対象の地域と類似の課題が見られる他の地域と比較したり，関連付けたりするなど，具体的に学習を進めること。
> 　　(エ)　観察や調査の結果をまとめる際には，地図や諸資料を有効に活用して事象を説明したり，自分の解釈を加えて論述したり，意見交換したりするなどの学習活動を充実させること。

この中項目は，空間的相互依存作用，地域などに関わる視点に着目して，地域の在り方を地域の特色や地域の課題と関連付けて多面的・多角的に考察し，表現する力を育成することを主なねらいとしている。そうした学習の全体を通して，課題解決の取組や課題解決に向けて構想したことを適切に表現する手法を理解できるようにすることが求められている。

また，世界と日本の様々な地域を学習した後に位置付けることで，既習の知識，概念や技能を生かすとともに，地域の課題を見いだし考察するなどの社会参画の視点を取り入れた探究的な地理的分野のまとめとして行うことが必要である。そして主権者として，地域社会の形成に参画し，その発展に努力しようとする態度を育むことが求められている。

● 2　授業構成のポイント

従前の学習指導要領では，「身近な地域の調査」が分野の最後に位置付けられていた。それは，それまで学習してきた世界の諸地域や日本の諸地域と自分が住んでいる身近な地域との比較がしやすくなり，生徒自身が，自分が住んでいる地域をよりよくするにはどうしたらよいかを考えやすくなったからである。

しかし，新学習指導要領では，「地域の在り方」を構想する本単元が，地理的分野の最後に位置付けられるようになった。従前の学習指導要領における「身近な地域の調査」と同様，それまで学習してきた世界の諸地域や日本の諸地域の内容を踏まえて，地域の在り方を考えるという側面は共通しているものの，取り上げる地域は身近な地域だけでなく，どの地域を取り上げてもよいことになった。

したがって，日本の諸地域や身近な地域の調査で学習した地域の中で，地域の変容や持続可能な地域づくりという観点などから，課題となっている地域を取り上げ，よりよい地域の在り方を考察，構想，発表するような学習指導を行うことが求められている。

課題については，自然環境の保全，人口の増減や移動，産業の転換や流通の変化，伝統文化の変容などの実態や，その解決に向けた取組などが例として挙げられている。

地域の持続可能などに着目して，地域の課題は何か，またそれぞれの課題を解決するにはどうしたらよいかを考え，地域の在るべき姿を構想するような学習が期待されている。

なお，その際，クラスを課題別に分けて，各課題やそれぞれの解決策をポスターにまとめるなどして，クラスでポスターセッションを行うような学習指導を行うこともできる。

3　授業展開例

【単元の目標】
○世界の諸地域や日本の諸地域の学習を思い出して，日本のそれぞれの自治体には，様々な課題があったことを思い出す。
○それぞれの自治体の課題が抱えている課題を解決するには，どうしたらよいかを考える。
○各自治体が抱えている課題とそれぞれの解決策をポスターにまとめる。
○各自治体が抱えている課題や考えた解決策を発表し合うことを通して，発表の仕方を身に付ける。

＊次ページに示す展開例は，平成26（2014）年に日本創成会議が公表した，将来存続できなくなる可能性がある自治体についての資料を題材にしている。

【展開例】

	生徒の学習活動	留意点
導入	・身近な地域の調査や日本の諸地域で学習したことを思い出す。 ・日本の諸地域や身近な地域には，それぞれ課題があったことを思い出す。 ・消滅の可能性がある自治体を示す地図を見て，日本の地方自治体がどのようになっているのかを捉える。	・学習した内容を自由に発表させる。 ・日本の諸地域や身近な地域で取り上げた課題には，どのようなものがあったのかを思い出させる。 ・日本の地方自治体には，消滅可能性が高く持続可能性に課題がある自治体が多く存在することを気付かせる。
展開	・班ごとに持続可能性に課題があるとされている自治体を調べる。 ・それぞれの自治体には，どのような課題があるのかを調べる。 ・それぞれの自治体が持っている課題を解決するには，どうしたらよいかを考える。	・班ごとに持続可能性に課題がある自治体を調べるように割り振る。 ・それぞれの自治体には，どのような課題があるのかを班ごとに調べさせる。 ・それぞれの自治体が持っている課題の解決策を，班ごとに考えさせる。
まとめ	・それぞれの自治体が抱えている課題と考えた解決策をポスターにまとめる。 ・班を二つに分けて，交代で発表の練習を行う。 ・クラスの中で，ポスターセッションを行う。 ・クラスの中で，ポスターの内容，発表の仕方等を評価し合う。	・ポスターにまとめる際に，地図や写真，図版などを入れて，分かりやすくまとめさせる。 ・班の中で，発表者と聞き手とを二つに分けて，交代で発表の練習を行わせる。 ・クラスの中で，前半と後半とに分けて，発表することと聞くことの両方ができるように時間配分を工夫する。 ・ポスターの内容や発表の仕方が良かった班を評価させる。

第3節 歴史的分野の改善と授業構成

1 歴史的分野の目標と内容の改善

(1) 目標の改善

　今回改訂された学習指導要領は，コンピテンシー（資質・能力）・ベースの学習指導要領と言われているが，社会科歴史的分野においても目標，内容の書き方はともにその方針に従って大きく再整理されている。

　まず，目標の構成として，教科や他分野の目標と同じく新たに最初に前文が設けられ，社会的事象の歴史的な見方・考え方を働かせた学習を通して，公民としての資質・能力を育成するという基本理念が示された上で，そのあとに(1)～(3)の下位目標が示されている。

　下位目標の(1)では，「歴史に関する様々な情報を効果的に調べまとめる技能を身に付ける」が新たに付け加わって技能が明示され，内容としては従前と同じく「我が国の歴史の大きな流れを，世界の歴史を背景に，各時代の特色を踏まえて」理解させるという知識・技能に関する目標となっている。

　(2)には従来「内容の取扱い」で触れられていた歴史に関わる事象の意味や意義の考察や説明，議論（意見交換）など思考・判断・表現力に関するものがある意味"格上げ"されて入ってきている。また，(2)では，「時期や年代，推移，比較，相互の関連や現在とのつながり」など着目点が示され，これがいわゆる歴史的な見方・考え方に沿った視点となっている。

　(3)では，「我が国の歴史に対する愛情」「国民としての自覚」「歴史

上の人物や文化遺産を尊重する態度」「国際協調の精神」など，従来目標の(1)〜(4)に分散記述されていた価値的文言を新たな目標(3)にまとめて記述し，「(歴史に関わる諸事象の)多面的・多角的な考察」と相俟って，歴史を通して学びを人生や社会に生かそうとする資質の育成を目標としている。それは，新たに付け加えられた「よりよい社会の実現を視野にそこで見られる課題を主体的に追究，解決しようとする態度を養う」という文言にも示されている。

　以上のように，今回の改訂では歴史的分野の目標が柱書きとしての前文と三つの下位目標から構成されることになったが，この三つの下位目標は，今回の改訂で教育課程全体を通して育成を目指す三つの資質・能力に沿って再整理されたものと言える。すなわち，

ア　何を理解しているか，何ができるか（生きて働く「知識・技能」の習得）

イ　理解していること・できることをどう使うか（未知の状況にも対応できる「思考力・判断力・表現力等」の育成）

ウ　どのように社会・世界と関わり，よりよい人生を送るか（学びを人生や社会に生かそうとする「学びに向かう力・人間性等」の涵養）

の三つの柱に基づく再整理である。

　したがって，今回の改訂での目標記述では，従来の目標で使用されていた文言やフレーズが多く使用されており，また再整理された(1)〜(3)の目標それ自体には資質・能力は明確に書かれていないため，表面的には従来の目標とあまり変わっていないように見えるが，その背後には育てるべき資質・能力（ア，イ，ウ）が下位目標の(1)〜(3)にそれぞれ対応させて明確に意識されていると言えよう。

(2) 内容の改善

次に，内容の構成は基本的に次のようになっている。

A　歴史との対話
　(1) 私たちと歴史
　　　ア　身に付けるべき知識及び技能
　　　イ　身に付けるべき思考力，判断力，表現力等
　(2) 身近な地域の歴史
　　　ア　身に付けるべき知識及び技能
　　　イ　身に付けるべき思考力，判断力，表現力等
B　近世までの日本とアジア
　(1) 古代までの日本
　　　ア　身に付けるべき知識
　　　イ　身に付けるべき思考力，判断力，表現力等
　(2) 中世の日本
　　　ア　身に付けるべき知識
　　　イ　身に付けるべき思考力，判断力，表現力等
　(3) 近世の日本
　　　ア　身に付けるべき知識
　　　イ　身に付けるべき思考力，判断力，表現力等
C　近現代の日本と世界
　(1) 近代の日本と世界
　　　ア　身に付けるべき知識
　　　イ　身に付けるべき思考力，判断力，表現力等
　(2) 現代の日本と世界
　　　ア　身に付けるべき知識
　　　イ　身に付けるべき思考力，判断力，表現力等

このように，Aの「歴史との対話」の学習では知識及び技能と思考，判断力，表現力等を，B，Cの「時代の学習」では知識と思考力，判断力，表現力等を，それぞれ「身に付けるべき」ものとして明確に規定していることが，従来の学習指導要領の構成とは大きく異なるところとして特筆される。これは，先に挙げたア，イ，ウの三つの資質・能力のうち，アとイの資質・能力を確実なものにすることを明確にしたものと言える。特に「時代の学習」では従来のような知識のみからなるコンテンツ・ベースの構成ではなく，育成すべき思考力，判断力，表現力等を明確にした点，コンピテンシー・ベースのカリキュラムと言われる所以である。
　その他，内容の改訂の要点は次の5点である。
　ア　歴史について考察する力や説明する力の育成の一層の重視
　イ　歴史的分野の学習の構造化と焦点化
　ウ　我が国の歴史の背景となる世界の歴史の扱いの一層の充実
　エ　主権者の育成という観点から，民主政治の来歴や人権思想の広がりなどについての学習の充実
　オ　様々な伝統や文化の学習内容の充実
　アとイについては，次項「歴史的分野の授業構成のポイント」にその解説をゆずり，ここではウ～オについて，若干の補足説明をしておきたい。
　まず，ウについては現行学習指導要領でも指摘されていた点であるが，グローバル化がさらに進展していること，また新学習指導要領では高等学校地理歴史科に新たに世界史と日本史を融合させた「歴史総合」が設置されたことを受けて，一層の充実が図られることになった。
　エについては，中教審答申で示された「主権者教育において重要な役割を担う教科として選挙権年齢の18歳への引き下げに伴い……教育内容の見直しを図る」一環として充実が必要とされたもので，古代文明の学習では民主政治の来歴を，近代の学習では政治体制の変化や人

権思想の発達や広がりを，現代の学習では男女普通選挙権の確立や日本国憲法の制定などを取り扱うものとされている。

そしてオについては，これまでも歴史的分野で重視されてきたものであるが，特に「身近な地域の歴史」においては地域で受け継がれてきた伝統や文化への関心を高めることや，新たに「琉球の文化」や「アイヌの文化」についても触れることとされ，学習内容の一層の充実を図るものとされた。

2　歴史的分野の授業構成のポイント

(1)　歴史的分野の「見方・考え方」の働かせ方

新学習指導要領では，全ての教科・分野にその教科・分野独自の見方・考え方が示され，それによって子供の思考を促そうとしている。社会科歴史的分野でも歴史的な見方・考え方が示された。

すなわち，「社会的事象の歴史的な見方・考え方」については，「社会的事象を，時期や推移などに着目して捉え，類似や差異などを明確にしたり，事象同士を因果関係などで関連付けたりすること」（中教審答申別添3－4, 3－5）とし，考察や構想する際の「視点や方法」（下線部）として整理されている。

これはさらに，
① 時期・年代など時系列に関わる視点
② 展開，変化，継続など諸事象の推移に関わる視点
③ 類似，差異，特色など諸事象の比較に関わる視点
④ 背景，原因，結果，影響など事象相互のつながりに関わる視点
に整理される。

このように整理されている「歴史的な見方・考え方」ではあるが，地理的分野や公民的分野の「見方・考え方」が理論や概念から成り立っているのに比べるとやや常識的で平板なものと言える。また社会科教

育学でも，歴史事象を捉える理論や概念を「歴史的な見方・考え方」とする研究もあって，何をもって「歴史的な見方・考え方」とするかは今後様々に議論されていくものと思われる。

とは言っても，①～④の見方・考え方は「歴史的な見方・考え方」の基本あるいは第一歩として重要な視点であり，これを歴史の学習に活用することは必要であろう。

イタリアの哲学者クローチェは「歴史を考えることは歴史を時代区分することである」と言っている。

その主旨は，歴史にはあるまとまった時間の幅で質的な変化がある。物理的時間は1000年前も今日も同じであるが，歴史の時間はその内容によって質的な違いを見いだし得る。歴史をそれぞれ質を異にする「時代」として区分することは歴史的認識の特徴となっている，ということである。

この「質的な変化」や「質的な違い」を認識するための方法や視点が，先に挙げた①～④の「見方・考え方」であろう。

すなわち，問題意識を持って一つのテーマを立て，それに関連する歴史的事象を時系列に沿って並べ，事象の推移（展開・変化・継続）を見ながら事象同士を比較し，そこに類似や差異を見いだすことによって一つ一つの事象の特色を捉え，また事象相互のつながり（背景・原因・結果・影響）を考えて，それら一連の事象のどこでどのような変化が起こり，その変化の質はどのようなものかなどを考えて時期区分，時代区分をして「時代」を認識していく，これが「歴史的な見方・考え方」の働かせ方の基本と言えよう。

(2) 知識及び技能の習得と思考力，判断力，表現力等の育成方略

知識及び技能の習得と思考力，判断力，表現力等については，新学習指導要領では次のようになっている。

第3節　歴史的分野の改善と授業構成

(3) 近世の日本

　課題を追究したり解決したりする活動を通して，次の事項を身に付けることができるよう指導する。

ア　次のような知識を身に付けること。

　(ア)　世界の動きと統一事業〈省略〉

　(イ)　江戸幕府の成立と対外関係

　　江戸幕府の成立と大名統制，身分制と農村の様子，鎖国などの幕府の対外政策と対外関係などを基に，幕府と藩による支配が確立したことを理解すること。

　(ウ)　産業の発達と町人文化〈省略〉

　(エ)　幕府の政治の展開〈省略〉

イ　次のような思考力，判断力，表現力等を身に付けること。

　(ア)　交易の広がりとその影響，統一政権の諸政策の目的，産業の発達と文化の担い手の変化，社会の変化と幕府の政策の変化などに着目して，事象を相互に関連付けるなどして，アの(ア)から(エ)までについて近世の社会の変化の様子を多面的・多角的に考察し，表現すること。

　(イ)　近世の日本を大観して，時代の特色を多面的・多角的に考察し，表現すること。

　この記述を基に，『解説』での「近世の日本」の学習例をも参考にして，知識及び技能の習得と思考力，判断力，表現力等の育成方略を単元「近世の日本」を例に図に示すと次ページのようになる。

　図の上半分は知識及び技能（ここでは知識のみ）に当たる部分で，これは現行の学習指導要領が掲げた「知識の構造化・焦点化」が引き継がれており，三つの「事項」（現行では四つ）を踏まえて「中項目のねらい」（概念）である「幕府と藩による支配が確立したこと」を

117

〈近世の日本〉

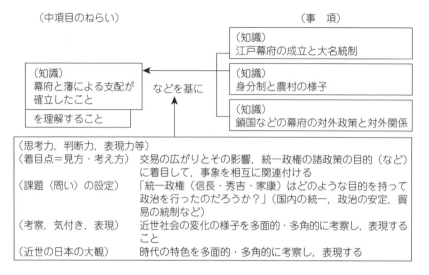

達成することとなっている。

　ここでは,「知識」には下位の知識（事象）とより上位の知識（概念）があり知識は構造的になっているということが重要である。

　次に図の下半分であるが,ここが思考力,判断力,表現力等を育成する部分である。すなわち,下位の知識からより上位の知識・概念に至る学習（思考力,判断力,表現力等）のプロセスがそこに示されている。

　その育成方略は,まず課題（問い）を設定することによって,生徒に着目点を気付かせ,その着目点に沿って「歴史的な見方・考え方」（ここでは外国との交易の影響や各統一政権の政策目的の比較）を働かさせながら,気付きなどを意見交換などによって考察させ,その結果を表現させる,という方略となる。

　その結果,「幕府と藩による支配が確立したこと」というより大局的な知識（概念）を獲得させ,それを繰り返すことによって「近世日本を大観させる」というこの大単元の最終的な目標を達成することが可能となるのである。

3 指導内容の捉え方と授業

A 歴史との対話
● 1　目指す資質・能力

　大まかに言って、この大項目Aは平成10年版学習指導要領で大きく強調された「学び方・調べ方を学ぶ」を引き継いだものである。社会がめまぐるしく変化し、新しい知識や技術が飛躍的に進歩する現代社会においては、教師主導の一方的な知識の注入では生徒に生きる力を育成することはできない。こうしたことから、学び方・調べ方の指導が重視された。平成20版学習指導要領では大項目「(1) 歴史のとらえ方」として、「ア　我が国の歴史上の人物や出来事などについて調べたり考えたりするなどの活動」「イ　身近な地域の歴史を調べる活動」「ウ　学習した内容を活用してその時代を大観し表現する活動」の三つの中項目に整理された。特に中項目ウは、「歴史の大きな流れ」を「各時代の特色を踏まえて理解させ」るという歴史的分野の学習の基本的なねらいを踏まえて新設されたものだった。今回の改訂では、「まとめ」としての学習を行うことを一層明確にするため、大項目B以降の中項目ごとに示された。

　また、今回大項目「A　歴史との対話」として示されたのは、「主体的・対話的で深い学び」の実現に向けた授業改善が背景となっていると考える。この学びによって学習内容を人生や社会の在り方と結び付けて深く理解し、生涯にわたって学び続けることができる。歴史の学習においては、歴史を学ぶ意義を理解し、現代とのつながりを知ることが必要である。中項目「(1) 私たちと歴史」は中学校歴史的分野の学習の導入となっているが、この大項目Aが目指す目標は中学校での学習を終えた後にあると言える。また、『解説』には「現在に生きる自身の視点から歴史に問いかけ、歴史分野の学習を通して、主体的に

調べ分かろうとして課題を意欲的に追究する」と目指す資質・能力が示されているが，このねらいは単に大項目Ａの学習だけで達成できるものではなく，大項目Ｂ以降の学習においても大項目Ａのねらいを意識しなければならない。「歴史との対話」という短い言葉だが，歴史を学ぶ意義を意識し，主体的に歴史に問いかけるという歴史の学び方を示す奥深さが感じられる。

● 2　指導内容の捉え方

大項目Ａは，「(1) 私たちと歴史」と「(2) 身近な地域の歴史」の二つの中項目で構成されている。(1)は中学校歴史分野の導入で，(2)は大項目Ｂ以下のいわゆる通史の学習と関わらせて指導することになっている。そして，歴史分野の学習に必要な知識・技能と主体的に調べ，課題を意欲的に追究する態度の育成をねらいとしている。

学習活動は，いわゆる「調べ学習」である。歴史の学習における「調べ学習」で留意すべきことは，調べることが目的ではないということである。調べたことを発表したり，レポートなどにまとめたりして終わりではない。自ら調べたことから何が分かるのか，それが重要である。例えば，中項目(1)ならば，時代が推移していったこと，(2)ならば，その時代の特色などを具体的な事例を通して明らかにすることが求められている。

● 3　学習の特色

大項目Ａは，Ｂ以下の内容と異なり，いわゆる通史ではない。歴史的分野の目標に記された「社会的事象の歴史的な見方・考え方」を中心に指導する項目と言える。「社会的事象を，時期，推移などに着目して捉え，類似や差異などを明確にし，事象同士を因果関係などで関連付けること」を歴史の学習の最初で基礎的に，地域に応じた適切な時代で応用的に行う学習という側面がこの大項目Ａにはある。

(1) 私たちと歴史

1　目指す資質・能力と指導内容の捉え方

　この中項目は，中学校歴史的分野の学習の導入であることから，「課題を主体的に追究，解決しようとする態度」「国家及び社会並びに文化の発展や人々の生活の向上に尽くした歴史上の人物と現在に伝わる文化遺産を尊重すること」という歴史的分野の「学びに向かう力，人間性等」の資質・能力の育成に向けて，歴史の学習に必要な知識・技能と歴史的な見方・考え方を働かせるという思考の仕方など大項目B以降の学習の基盤となることを身に付けさせることが求められている。

　歴史学習に必要な知識・技能とは，「社会的事象を，時期，推移などに着目して捉え，類似や差違などを明確にし，事象同士を因果関係などで関連付ける」という歴史的な見方・考え方を働かせるときに用いるツールであると言える。具体的には，「年代の表し方や時代区分」の知識と「年表などにまとめたりする」技能であるとしている（『解説』2章2節2(2)）。

　また，この大項目Aで目指す思考力，判断力，表現力等については，「時期や年代，推移，現在の私たちとのつながり」といった具体的な歴史的な事象ではなく歴史的な見方・考え方に「着目」することから，歴史的な見方・考え方を働かせるという思考の仕方を体験し身に付けることだと考える。具体的には，小学校で学習した歴史的な事象を時系列にすることで，時代の移り変わりを考察することになる。

　さらに，この中項目は，「従前の導入学習である内容の(1)のアの趣旨を受け継ぐ」とされている。その中には，「歴史を学ぶ意欲を高める」ように指導するとある。このことは，はじめに述べた「学びに向かう力，人間性等」に通じることであり，この中項目で忘れてはならないことである。

2　授業構成のポイント

　この中項目の授業構成を図示すると以下のようになる。

第2章 中学校社会科の改善と授業構成

1次　・年代の表し方や時代区分の基本的な内容を理解する。

2次　・資料から歴史に関わる情報を読み取ったり，年表などにまとめたりする技能を身に付ける。
　　　・時期や年代，推移，現在の私たちとのつながりに着目して，小学校での学習を踏まえて歴史上の人物や文化財，出来事などから適切なものを取り上げ，時代区分との関わりなどについて考察し表現する。

歴史を学ぶ意欲を高める。

● 3　授業展開例

資料1

　第1次については，授業で使用したワークシート（資料1）に沿って示す。

　まず，設問1（「どちらが古いだろうか。」）で挙げた事象は小学校の既習事項であるが，個別的に学習したもので，時間の推移との関係で比較したことはない。そこで，初めに1で時系列の概念に気付かせる。さらに，設問2（「古い順に並べてみよう。」）を行うときに教科書や資料集の年表で調べさせることで，時代の区分にも気付かせる。

　設問3（「時代に分けてみよう。」）については，小学校で学習したことを振り返りながら，それぞれの時代が，社会の仕組みや政治の中

122

第3節　歴史的分野の改善と授業構成（歴史A(1)）

心地，文化の特色など違いがあることを教師が整理する。それとともに，社会的事象の移り変わりを考察するとき，時代の区分と関わらせることが有効であることを理解させる。設問4（「それぞれの時代は，どのくらい前か，調べよう。」）では，それぞれの時代の長さを実感させるとともに，設問5（「年代の表し方と世紀の表し方を覚えよう。」）につなげ，実際の年代・世紀の表し方について具体的に示していく。このとき，例えば「何世紀か考えるときは，100円硬貨だけで買い物に行ったら，何枚払えばよいかを考えるのと同じである」などの助言を行う。

　第2次については，東京都が行った「児童・生徒の学力向上を図るための調査」（資料2・3）を基に展開例を示す。

　『解説』には「小学校で学習した人物のうち『歴史を大きく変えた人物』を各自または各班で数名ずつ挙げ，それらの人物を選んだ理由

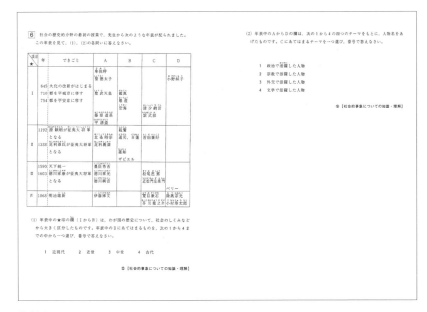

資料2

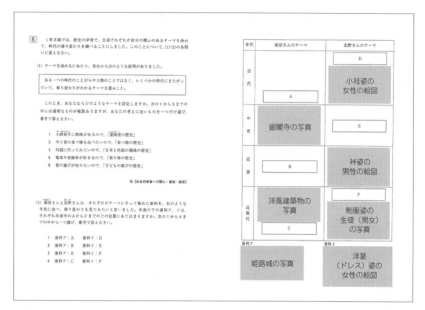

資料３

を諸資料に基づきながら互いに説明することを通して，時代が転換するということや，時代を区分することの意味や意義を理解できるようにする学習」「小学校の教科用図書の年表などに見られる対外関係上の出来事を，友好，対立などの関係性に着目して区分しながら一覧年表に整理し，現代における国際協調や平和の意味や意義を考察できるようにする学習」「絵画や建造物などの図をいくつか示して互いの異同や特徴に着目して，それぞれが小学校で学習したどの時期の文化財と共通するかといった事柄の検討を通して，大きな時代の移り変わりに気付くことができるようにする学習」が例示されている。資料２・３で想定される授業は，この例示を具体化したものである。いずれにしても，調べる活動を行うことで，「歴史を学ぶ意欲を高めさせる」ことを実現したい。

(2) 身近な地域の歴史

1　目指す資質・能力と指導内容の捉え方

　Aの「歴史との対話」では，歴史的分野の学習の導入として，歴史的分野の学習に必要とされる「知識及び技能」を身に付け，歴史的分野の学習を通して，主体的に調べ分かろうとして課題を意欲的に追究する態度を養うことをねらいとしている。そして，このねらいに基づいて，Aは「(1) 私たちと歴史」及び「(2) 身近な地域の歴史」の二つの中項目から構成されている。

　「(2) 身近な地域の歴史」では，「自らが生活する地域や受け継がれてきた伝統や文化への関心をもって，具体的な事柄との関わりの中で，地域の歴史について調べたり，収集した情報を年表などにまとめたりするなどの技能を身に付ける」（内容(2)のアの(ア)）学習をするに当たっては，「比較や関連，時代的な背景や地域的な環境，歴史と私たちとのつながりなどに着目して，地域に残る文化財や諸資料を活用して，身近な地域の歴史的な特徴を多面的・多角的に考察し，表現する」（内容(2)のイの(ア)）学習を，内容のB以下に関わらせて行うことが示されている。

　身近な地域の歴史を学習することは以前から実施されてきたものである。この学習は，地域への関心を育てたり，歴史をより具体性と親近性を持たせて理解させたりできることから進められてきた。この趣旨を重視するとともに，この学習を通じて歴史の学び方を身に付ける一つの方法としても活用できることを期待して，平成10年版学習指導要領から新しい項目として設定された。

　今回の改訂においては，従前の趣旨を受け継ぐことに加えて，新たに「収集した情報を年表などにまとめ」るという技能に関わる活動が具体的に示された。

2　授業構成のポイント

　身近な地域の歴史の学習は，内容のAという最初の大項目に設定さ

れているが，それは歴史的分野の学習の初めに扱うということを意味しているのではない。あくまでも，内容のB以下（いわゆる"通史的な学習"の部分）と関わらせて取り扱うことになっている。どの時代で取り扱うかは地域の特性によって適切な時代を選ぶことになり，年間の指導計画に位置付けて実施することが大切である。

また，身近な地域を取り上げることは，歴史の展開をより具体的に受け止めさせられるとともに，そのことから地域に対する関心を高めさせることが期待できる。そのためにも，そこで活動する人々の姿や生活の様子を具体的に捉えさせるような工夫が必要である。「内容の取扱い」にも「人々の生活や生活に根ざした文化に着目した取扱いを工夫すること」と示されている。

身近な地域とは，生徒の居住する地域や学校の所在する地域などを中心に生徒が調べるという活動が可能で，生徒にとって身近に感じることができる範囲である。また，それぞれの地域の歴史的な特性に応じて，より広い範囲を含む場合もある。

身近な地域の歴史の学習では，地域の具体的な事柄との関わりの中で我が国の歴史を理解させるという趣旨からいって，我が国の歴史を具体的に理解させることができるようなものを取り上げていくことが必要である。もちろん，身近な地域を取り上げる学習はこの項目だけに限るわけではない。この項目で実施するのは身近な地域の歴史を「調べる」学習ということである。調べる活動には様々な形があるが，それを通して具体的な歴史的事象から時代の様子を考えさせるなどして歴史の学び方を身に付けさせるようにすることが大切である。

例えば，地域に残る文化財や，地域の発展に尽くした人物の業績とそれに関わる出来事を取り上げ，「博物館，郷土資料館などの施設の活用や地域の人々の協力も考慮」（内容の取扱い）して，身近な地域における具体的な歴史的事象からその時代の様子を考えさせる学習などが考えられる。

3　授業展開例――「文京の江戸時代」――

① 単元の目標
　○学校所在地である文京区周辺の歴史を通して，江戸時代の産業・経済の発達や町人による文化の形成について理解させる。
　○見学・調査の学習，課題を設定しまとめ発表する学習を通して，資料活用の技能，思考力，判断力，表現力などを養う。
　○資料館の見学や現地調査などを通して，生徒の主体的な学習を促し，自ら学ぶ意欲を育てる。
　○身近な地域に残る文化財への関心を高め，それを尊重しようとする態度を育てる。

※単元の指導計画を次ページに示す。

② 単元の指導計画（8時間扱い）

時	学習内容	学習活動	指導上の留意点
1	文京の江戸時代	○郷土史家から江戸時代の文京区についての話を聞く。	・事前に郷土史家と打ち合わせを行う。
2	学習課題の設定	○前時の学習を基に，教師が設定した学習課題を選択し，学習班を編成する。 ○見学や調査時の役割分担と内容を検討する。	・資料館や調査が必要な史跡を事前に訪ね，必要な情報を収集し，生徒に提示する。
	【学習課題例】 A．なぜ，文京には大名屋敷が多いのだろうか。 B．文京にあった幕府の施設は，どのような目的でつくられたのだろうか。 C．なぜ，現在の本郷通り沿いや伝通院近くに寺院が多いのだろうか。 D．江戸時代の文京の町づくりは，どのように行われたのだろうか。 E．文京に現在も残る商家では，どのような商売を行っていたのだろうか。 F．江戸時代の文京には，どのような産業が発達していたのだろうか。 G．江戸時代の文京に住む庶民は，どのような暮らしをしていたのだろうか。		
3・4・5	文京ふるさと歴史館の見学 現地調査	○郷土史家から，展示品の解説を聞き，「江戸時代コーナー」の見学をする。 ○各班の学習課題にそって見学・資料収集を行い，調査報告書にまとめる。 ○調査すべき学習課題にそって調査し，調べたことを調査報告書にまとめる。	・各班の学習課題と関連する展示を中心に解説をしてもらう。 ・郷土史家と協力し館内を巡回し，必要に応じて助言をする。 ・班ごとに計画書を作成させる。聞き取り調査が必要な班には依頼書を渡す。
6	発表の準備	○前時までに収集した資料や各自が持ち寄った資料などを検討する。 ○収集した情報を基に発表用資料と発表用原稿を作成する。	・各班とも発表用レジュメを作成させる。 ・発表時の役割分担を決めさせる。
7・8	学習課題の発表 学習のまとめ	○各班ごとに学習課題について発表する。 ○学習全体を終えての自己評価と相互評価を行う。	・他の班の発表に対して，質問や意見を考えさせる。

B　近世までの日本とアジア

● 1　目指す資質・能力

育成すべき資質・能力については，①知識及び技能の習得，②思考力，判断力，表現力等の育成，③学びに向かう力，人間性等の涵養の三つの柱に基づいて構成されている。

①については，各中項目アの事項で，「知識及び技能を身に付ける」としているが，大項目B・Cには，単元のまとまりの中での，技能の習得に関する記述がない。しかし，絵画や文献などの歴史資料を読み取ったり，年表と関連させて情報を整理したりといった学習指導を積み重ねることで技能を身に付けさせることが大切である。

②については，各中項目イの事項に，「｛A｝ に着目して，｛B｝ を多面的・多角的に考察し，表現すること」という形で示してある。例えば，古代であれば「古代文明や宗教が起こった場所や環境」「農耕の広まりや生産技術の発展」などが ｛A｝ に当たり，「古代の社会の変化の様子」が ｛B｝ に当たる。場所や環境 ｛A｝ からその特徴を比較・考察 ｛B｝ したり，発展 ｛A｝ からその変化や影響を考えたりするというように具体的に整理・記述されているのが今回改訂の大きな特色である。また，現行の学習指導要領から新しく加わった「時代を大観し表現する活動」は，各中項目にそれぞれ位置付けられていることを意識する必要がある。

③の「学びに向かう力，人間性等の涵養」についての記述はないが，単元のまとまりを通して，あるいは学期や学年といった長いスパンの中で歴史に関わる諸事象について，主体的に追究・解決しようとする態度や我が国の歴史に対する愛情や歴史上の人物と文化遺産を尊重しようとすることの大切さについての自覚などを養わせる必要がある。

※ ｛A｝ ｛B｝ は筆者が加筆。

● 2　指導内容の捉え方と学習の特色

①　大項目Bはいわゆる通史学習の部分である。今回の改訂で，「第

2 各分野の目標及び内容」の部分は，A・B……で示される大項目と，(1)・(2)……で示される中項目，ア・イで示される事項に再構成された。現行の学習指導要領同様，大項目Cの近現代の学習を一層重視する考え方は変わらない。その中にあって，前近代の学習に当たる大項目Bの表題を『近世までの日本とアジア』としたのは，「グローバル化が進展する社会の中で，我が国の歴史の大きな流れを理解するために，世界の歴史の扱いについて，一層の充実を図った」(『解説』p.19〔文部科学省HP掲載分の参照頁。以下同〕ウ 我が国の歴史の背景となる世界の歴史の扱いの一層の充実）という改訂の要点の一つを踏まえてのことであり，「19世紀前半までの歴史を扱い，文明の多様性を理解し，我が国の歴史について，近世までの各時代の特色を，主としてアジアを中心とした世界との関わりの中で理解することを目的としている」（同p.89）ように，世界とのつながりの中で日本の歴史が関係していることを十分意識した学習単元の組立・授業展開を考える必要がある。具体的には，元寇をユーラシアの変化の中で捉える学習やヨーロッパ人来航の背景としてのムスリム商人の役割と世界との結び付きに気付かせる学習など，広い視野から背景を理解させることが大切である（同p.19，pp.95－96，pp.99－100）。

② 今回の改訂では，18歳選挙権などを受け，社会科全体において主権者教育の改善・充実を図ることも重要な柱とされている。具体的には，古代の「世界の古代文明」の部分で，「ギリシャ・ローマの文明について，政治制度など民主政治の来歴の観点から取り扱うこと」と示されており，当時の政治制度が現代につながる面と現代の民主主義とは異なる面の両面を踏まえて理解できるようにする必要がある（同p.91）。

第3節　歴史的分野の改善と授業構成（歴史B(1)）

(1) 古代までの日本

● 1　目指す資質・能力と指導内容の捉え方

資質・能力の三つの柱のうち，「知識及び技能」と「思考力，判断力，表現力等」の二つの柱については，『解説』p.85の「歴史的分野の学習内容と学習の過程の構造化図（部分例）」及び，同p.18，p.83を参考に以下の表のようにまとめることができる。

中項目	事項	各事項における学習			
		知識	思考力・判断力・表現力等		知識
		～を基に	～に着目して	～を考察し，表現する	～を理解する（事項のねらい）
古代までの日本	(ア)世界の古代文明や宗教のおこり	世界の古代文明や宗教のおこり	古代文明や宗教が起こった場所や環境	古代の社会の変化の様子	世界の各地で文明が築かれたこと
	(イ)日本列島における国家形成	日本列島における農耕の広まりと生活の変化や当時の人々の信仰，大和朝廷（大和政権）による統一の様子と東アジアとの関わりなど	農耕の広まりや生産技術の発展		東アジアの文明の影響を受けながら我が国で国家が形成されていったこと
	(ウ)律令国家の形成	律令国家の確立に至るまでの過程，摂関政治など	東アジアとの接触や交流と政治や文化の変化など		東アジアの文物や制度を積極的に取り入れながら国家の仕組みが整えられ，その後，天皇や貴族による政治が展開したこと
	(エ)古代の文化と東アジアとの関わり	仏教の伝来とその影響，仮名文字の成立など			国際的な要素をもった文化が栄え，それらを基礎としながら文化の国風化が進んだこと

※本表の作成に当たっては，文部科学省初等中等教育局教科調査官・国立教育政策研究所教育課程調査官・藤野敦氏の講演資料を参考に作成。

● 2　見方・考え方を働かせるような「課題（問い）」の工夫と授業構成のポイント

　新学習指導要領では，主体的・対話的で深い学びを実現するために，各中項目の事項に「社会的事象に関する歴史的な見方・考え方」を踏まえた課題（問い）を設定し，その課題について，多面的・多角的に考察，表現できるような学習を設定している（同p.18，p.79）。(イ)(エ)については具体的に例示されている（同p.90）。(ア)(ウ)については筆者が設定例を考えてみたので，参考にしていただきたい。

　(ア)　古代文明や宗教が起こった地域に共通して見られる場所や環境，社会の様子にはどのような特徴があるのだろうか。
　(イ)　本格的な稲作の広まりによって社会はどのように変化したのだろうか。
　(ウ)　東アジアとの関わりの中で我が国では国家の仕組みがどのように整えられ，その後の天皇や貴族による政治が行われるようになったのだろうか。
　(エ)　中国をはじめとする東アジアとの交流は，日本の文化にどのような影響を与えたのだろうか。

　なお，課題設定に当たっては，①自分や社会といった「身近な・切実感」，②思考をゆさぶる「疑問・発見・ジレンマ」，③学習意欲を喚起する「ワクワク・ドキドキ・驚き」，④生徒の疑問や気付きを基にした「学習課題や問いの吟味」，⑤比較・推測・考察といった資料の深い読み取り，⑥単元構成の組換えや他教科・領域との関連の六つの視点が大切である。

● 3　授業展開例

　上記1，2の(ウ)(エ)の事項と課題の例を受け，次のような指導計画と授業展開例が考えられる。なお，毎時間の授業では，事項の課題につながる 問い を設定した。

① 単元名　古代国家の歩みと東アジアとの関わり
② 単元の目標
　ⅰ　東アジアとの関わりの中で，我が国の国家の仕組みが整えられ，その後，天皇・貴族の政治が展開されていった過程を理解する。
　ⅱ　東アジアとの交流により，国際的な要素をもった文化が栄え，後に文化の国風化が進んだことを理解する。
　ⅲ　東アジアとの接触や交流と政治や文化の変化が，我が国の政治や社会，文化などに影響を与えたことを捉え，古代の社会の形成とその変化の様子を考え，表現する。
　ⅳ　課題を追究したり解決したりする学習を通して，古代の学習に主体的に取り組み，歴史上の人物や古代の文化遺産に関心を高める。……中項目全体を通しての目標
③ 単元の指導計画と評価計画（7時間扱い）

	学習内容・学習活動	指導上の留意点　評価
1時	聖徳太子が目指した国づくり 問い 聖徳太子はどのような国際環境の下でどのような国づくりを目指したのだろう。 ○6世紀の東アジアの情勢を地図で確認する。 ○聖徳太子が蘇我氏と協力しながら行った政治を具体的に挙げる。	○小学校での「聖徳太子の学習」を活用させる。 知 聖徳太子の目指した政治を理解している。 ○遣隋使の派遣など，東アジアでの立場を有利にし，外国の進んだ制度や文化を取り入れようとしたことに気付かせる。 思 聖徳太子が目指した政治を短い言葉でまとめる。
2時	律令国家への歩み 問い 我が国は律令を取り入れることでどのような国家を目指したのだろう。 ○大化の改新，白村江の戦い，壬申の乱，大宝律令の制定などについて整理する。 ○律令政治の仕組みを図解する。	知 二官八省，国司と郡司，公地公民の原則などから天皇を中心とした政治の仕組みができたことを理解している。 ○平城京の造営，大宝律令の制定が唐にならったものであり，我が国の国家の仕組みが整えられていく過程に気付かせる。
3時	律令国家でのくらし 問い 律令国家の下で人々はどのような生活をしていたのだろう。 ○資料から税の仕組みを読み取り，農民の負担が大きかったことを理解する。 ○墾田永年私財法が出された理由とその影響について話し合う。	知 農民の負担と暮らしぶりを資料から読み取っている。 思 律令体制が変化していく過程を社会と関連させて捉えている。 ○墾田永年私財法により公地公民制が崩れ，荘園を持つ貴族や寺社が力をつけるようになったことを気付かせる。

4時	天平文化とは 問 奈良時代の文化はどのような特色を持っていたのだろう。 ○シルクロードと遣唐使の行路を確認し，五絃琵琶の絵などの文物について考える。 ○遣唐使の果たした役割について考える。	知 天平文化が仏教や大陸との交流の影響によって生まれたことを理解している。 ○小学校での学習内容「聖武天皇と大仏づくり」を活用させる。 ○写真資料や映像資料などの活用を図る。 知 様々な資料から，その特徴を読み取っている。
5時	平安京と摂関政治 問 平安京に都が移り，律令国家はどのように変わったのだろう。 ○どのような政治改革が行われたのか調べる。 ○藤原氏がなぜ繁栄したのか考える。	知 律令制の立て直しや摂関政治を理解している。 ○桓武天皇の政治改革を律令制の立て直し，地方の支配，新しい仏教の視点からまとめさせる。 ○律令制が崩れて荘園が生まれ，皇室との関係から藤原氏が摂関政治を行ったことを理解させる。
6時	文化の国風化 問 日本独自の文化とはどのようにして生まれたのだろう。 ○絵巻物，写真などの諸資料から日本独自の文化の特徴を捉える。 ○浄土信仰のおこりについて考える。	○仮名文字の成立については，国語（書写）との関連を意識させる。 知 仮名文字の成立や文学作品などからこの時代の文化の特色を理解している。 ○国風文化の特徴と遣唐使の関係に気付かせる。

④ 本時の目標

　ⅰ　古代までの日本を大観し，時代の特色を考え，表現する。

⑤ 本時の指導案（7時）

	学習内容・学習活動	指導上の留意点　評価
導入	時代の特色を捉える 問 古代の日本はどんな時代だったのだろう。 ○古代の日本を飛鳥・奈良・平安の三つの年代順に分ける。聖徳太子，天智天皇（中大兄皇子），天武天皇，聖武天皇，桓武天皇，藤原道長の6人がどの年代の人物か確認する。	知 三つの年代や6人の人物を歴史ごとに分類できる。 ○1～6時間目までの 問 に対する学習のまとめを振り返らせる。 ○時代を大観する学習はこれ以後の時代も行うので，様々な学習方法を工夫する必要がある。本単元では，通史学習の最初であり，中学校1年生の前期の学習であることを踏まえ，小学校6年生の学習との関連を意識し，歴史上の人物とその事柄に焦点を当てた。
展開	○6人の人物が行った政治の特色について20字程度でまとめ，カードに記入する。	思 「政治改革のねらい」「外国との関わり」という視点に着目して，自分の言葉で表現することができる。

	○個人の作業が終わったら，班になり，生徒同士で意見交換する。 ○班の代表者が，6人の人物に関するカードを教師が書いた略年表黒板に貼る。	学 学習に主体的に取り組み，古代の歴史上の人物や古代の文化遺産に関心を高める。 ○まとめに使えるワークシートを教師が用意する。 ○作業に手間取っている生徒には，キーワードを示すなど支援する。また，時間がかかる生徒は3人の人物に絞らせ，カードに書かせる。 ○意見交換する中で，6人の人物それぞれについて，班として貼り出したいカードを一つないし二つに絞らせる。
まとめ	○教師が講評，補足する。	○板書したカードは，ワークシートに記入する。

※ 知 ：知識・技能　 思 ：思考・判断・表現　 学 ：学びに向かう力

(2) 中世の日本

　大項目B中項目「(2) 中世の日本」では，「12世紀ごろから16世紀ごろまでの歴史を扱い，我が国の中世の特色を，世界の動きとの関連を踏まえて課題を追及したり解決したりする活動を通して学習する」(『解説』)ことをねらいとしている。

　これまで二つの項目で構成されていたものが，「世界の動きとの関連を重視する観点」から，アの「(ア) 武家政治の成立とユーラシアの交流」「(イ) 武家政治の展開と東アジアの動き」「(ウ) 民衆の成長と新たな文化の形成」の三つの事項によって構成された。

　〔歴史的分野〕の5点の改訂の要点の「ウ 我が国の歴史の背景となる世界の歴史の扱いの一層の充実」において，「グローバル化が進展する社会の中で，我が国の歴史の大きな流れを理解するために，世界の歴史の扱いについて，一層の充実を図った」とある(『解説』)。これを受けて，社会科や歴史的分野の目標にも「グローバル化」の語句が追加された。

　改訂の要点では，例として「元寇をユーラシアの変化の中で捉える学習」や「ムスリム商人などの役割と世界の結び付きに気付かせる学習」が挙げられた。「我が国の歴史に間接的な影響を与えた世界の歴史」を充実させることで，「広い視野から背景を理解」できるような工夫が必要となっている。

　「(2) 中世の日本」では，「元寇がユーラシアの変化の中で起こったこと」「日明貿易」や「琉球の国際的な役割」などの知識を身に付けながら，「東アジア世界との密接な関わり」を理解することが求められている。

● 1　目指す資質・能力と指導内容の捉え方

　「(2) 中世の日本」の事項を学習するに当たって，「育成を目指す資質・能力の三つの柱」が明確になるように，ア(イ)で「知識及び技能」，イの(ア)で「思考力，判断力，表現力等」が具体的に示され，イの(イ)で

第3節　歴史的分野の改善と授業構成（歴史B(2)）

「学びに向かう力，人間性等」が養われるように中項目のまとめとして位置付けられた。

　また，〔歴史的分野〕の5点の改訂の要点の「イ　歴史的分野の学習の構造化と焦点化」において，学習内容と学習の過程が構造的に示され，学習のねらいも具体的に捉えやすくなった。

　新学習指導要領では，「アの事項の〈A〉を基に，イの事項の〈C〉に着目して〈D〉を考察し表現することを行い，アの事項の〈B〉を理解する」という構造が取られ，これらを踏まえた指導を行うことで，「アに示された各事項のねらい」が実現できると考えられている。学習の構造化によって，「(2)　中世の日本」を〈A〉〈B〉〈C〉〈D〉を基に【参考資料】（本書p.140）のように表でまとめることができた。指導内容が明確になり，単元など内容や時間のまとまりを見通した「育成を目指す資質・能力の三つの柱」も意識できるようになった。授業の展開過程を体系的に組み立てたり，歴史に関わる諸事象を結ぶ問いを構成したりするなど，指導方法の工夫や改善に役立てていきたい。

　「(2)　中世の日本」では，「我が国の中世の特色を，世界の動きとの関連を踏まえて課題を追究したり解決したりする活動を通して学習する」ことを考慮し，当時の世界の様子が分かる地図の読図や世界の動きが日本に与えた影響などの資料を活用し，生徒の主体的な学習を促したい。

　「主体的な学び」の視点をもつために，「学習過程を把握し，その解決への見通しをもつ」学習や指導の工夫が必要である。「何を学ぶか」という学習内容や，「どのように学ぶか」という学習過程を提示しながら，学習の「振り返りの場面」を設定し，生徒の知識や思考の深まりを促していくようにする。

　学習活動では，単元のはじめに「この単元では○○について学習していく」と学習内容を生徒に提示し，学習の過程では地図や史料，絵画資料などから「どのように学ぶか」や，資料活用の方法を指導しながら「何を学ぶか」に結び付けていく。当時の世界の様子が分かる地

図は教科書や資料集などに掲載されているが，ICTなどを活用して地図を数世紀ごとに比較する活動も考えられる。また，既習事項を活用しながら共通点や相違点に着目した「問い」を投げかけることで，生徒の思考を深めたり「振り返りの場面」を設定したりすることができる。単元のまとめで「社会の変化の様子」を文章で書いたり，いくつかの立場に分けて意見交換したりする学習活動によって，生徒の多面的・多角的な考察力や表現力も養うこともできる。

「(2) 中世の日本」では，作業的な学習や意見交換の場面を繰り返しながら，生徒が主体的に学習するための土台をつくっていきたい。

「対話的な学び」を学習活動で試みたときに，生徒は何を話し合えばよいか分からずに黙ってしまったり，論点がずれたりすることがある。何について話し合うのか明確な指示は大切である。また，話合い活動は，生徒の個性に応じて適した人数を考慮すべきである。

例えば，論点をまとめることが苦手な生徒同士，意見を言うことが苦手な生徒同士をグループにしても話合いは進まない。いくつかの立場に分けて話合いをさせるようにグループをつくるなど，生徒の個性を考慮して対応できるとよい。また，グループ活動に取り組むことによって，資料の読み取りが苦手な生徒に得意な生徒が教えたり，同じ資料でも読み取る視点に違いがあることに気付いたりすることができる。グループ活動を通して，生徒は話合いの方法や資料活用の技能を習得し，意見の異なる存在に気付いていく。短時間であっても繰り返して取り入れていくことで，「対話的な学び」の学習活動が深められていく。

生徒の「深い学び」を育てるために，教員自身が習得・活用・探究を意識した教材研究が必要である。教員自身が教材研究などを通して，自らの体験で新たな発見や活動の中から有効な問いを考え，実践することができるだろう。教員自身が「深い学び」を習得することで，指導方法の改善につなげていくことができるだろう。

2 授業構成のポイント

「(2) 中世の日本」ア「(ア) 武家政治の成立とユーラシアの交流」の事項を基に，授業構成のポイントを示していく。この事項では，二つの大きな歴史的事象を一つの単元としてまとめることができる。

この単元では，古代（天皇・貴族の政治）から中世（武家政治）に転換したことを理解できるように授業を構成し，単元のまとめで学習の定着を図る。

また，元寇については，国内に及ぼした影響だけでなく，「元（モンゴル帝国東部）の君主が，モンゴル帝国全体の君主であったこと」「東西の貿易や文化の交流が陸路や海路を通して行われたこと」などに気付

事象	授業の展開 （内容の取扱いなどから作成）
鎌倉幕府の成立	武士が台頭する ↓ 武力を背景とした武家政権が成立する ↓ 武士の支配が広まる
ユーラシアの変化	ユーラシアの変化 ↓ 元寇（モンゴル帝国の襲来） ↓ 東アジアにおける交流 ↓ 古代から中世への転換

かせていく。そのために，「武士の主従の結び付き」や「武家政権」の仕組みが知識として身に付くような指導をする。また，「東アジアにおける交流」に着目させるために，「ユーラシアの地理的な確認」をしながら時代によって台頭する国が異なる地図や，東西交流の陸路や海路の様子が分かる地図などを活用して，生徒の「主体的な学び」を引き出すような問いを設定していく。世界と日本が空間的，時代的に結び付くような視点で授業を構成していくと，単元としてのまとまりも捉えやすくなる。

授業を構成するには，「何ができるようになるか」「何を学ぶか」「どのように学ぶか」を具体的に示し，生徒が「主体的に学ぶ」活動や，ワークシートなどで生徒の思考や知識の深まりを見取る工夫をしていく。単元のまとまりの中で「どのような力が身に付いたか」を見取る場面を設定し，学習の評価をしていくことも重要である。

【参考資料】

事項		各事項における学習（内容の取扱いなどから作成）				中項目のまとめ
		〈A〉知識 ～を基に（事項）	〈B〉思考力，判断力，表現力等 ～に着目して	〈C〉知識 ～を理解する（事項のねらい）	〈D〉思考力，判断力，表現力等 ～を考察し，表現する	時代の大観，特色
(ｱ)	武家政治の成立とユーラシアの交流	鎌倉幕府の成立	武士が台頭して主従の結び付きや武力を背景とした武家政権が成立しその支配が広まったこと	武士の政治への進出と展開	中世の社会の変化の様子	中世の日本を大観して，時代の特色を多面的・多角的に考察し表現すること
		元寇（モンゴル帝国の襲来）	元寇がユーラシアの変化の中で起こったこと	東アジアにおける交流		
(ｲ)	武家政治の展開と東アジアの動き	南北朝の争乱と室町幕府	武家政治の展開	武士の政治への進出と展開		
		日明貿易	東アジア世界との密接な関わりが見られたこと	東アジアにおける交流		
		琉球の国際的な役割				
(ｳ)	民衆の成長と新たな文化の形成	農業など諸産業の発達，畿内を中心とした都市や農村における自治的な仕組みの成立	民衆の成長を背景とした社会や文化が生まれたこと	農業や商工業の発達		
		武士や民衆などの多様な文化の形成				
		応仁の乱後の社会的な変動				
授業構成のポイント		何を学ぶか	どのように学ぶか	何ができるようになるか	どのような力が身に付いたか	

　授業構成のポイントも【参考資料】の表のようにまとめると，学習内容の精選が図りやすくなっていく。この単元でモンゴル帝国の歴史

やユーラシア大陸のアジアとヨーロッパの歴史や関係を詳しく指導することではないことに留意したい。ユーラシア大陸をまたぐ歴史上で最大の帝国が日本の中世の時代に成立したこと，モンゴル帝国の支配によって宿駅が整備され，東西の貿易や文化が発達したこと，ユーラシアの変化が日本にも影響を与えたことなど，学習内容を精選した指導が求められている。

3　授業展開例

単元名：鎌倉幕府の成立とユーラシアの変化

	●学習のねらい　○学習内容	◇学習活動
第1時	●武士の台頭と鎌倉幕府の成立 ○平氏の滅亡 ○鎌倉幕府の成立	◇鎌倉幕府の立地【地図の読み取り】
第2時	●武力を背景とした武家政権の成立 ○幕府の仕組み ○承久の乱 ○御成敗式目	◇幕府の仕組み【資料の読み取り・内容の理解】 ◇御成敗式目【資料の読み取り・内容の理解】
第3時	●武士の支配の広まり ○武士の生活 ○庶民の生活	◇武士や庶民の生活【『一遍上人絵伝』（絵画資料）の読み取り】
第4時 (本時)	●ユーラシアの変化 ○モンゴル帝国の成立 ○元の成立 ○東西貿易，文化の交流	◇時代によるユーラシア大陸の変化【地図の比較】 ◇東西貿易，文化交流の道【地図の読み取り】
第5時	●元寇 ○2度の元の襲来 ○徳政令 ○鎌倉幕府の滅亡	◇日本と元の戦法の違い【『蒙古襲来絵詞』（絵画資料）の読み取り】
第6時	●学習のまとめ ○天皇・貴族の政治と武家政治の違い	◇それぞれの政治の違いについてまとめ，意見交換する。【グループ活動】

第4時（本時）

	○学習内容　◇学習活動	◎指導上の留意点　■評価
導入	【学習のねらい】 ユーラシアの変化を捉えよう ◇ユーラシア大陸に9～12世紀に台頭した国の変化を，地図を比較しながら捉える。	◎ICTなどを活用して，中国の変化の様子に着目できるようにする。
展開1	○モンゴル帝国の成立 ◇モンゴル帝国が支配を拡大できた理由を，東西貿易，文化交流の道の地図と用いて考える。	◎騎馬遊牧民のモンゴル民族が，陸路によって帝国を拡大していったことに気付かせる。 ■地図を活用することができる。【技能】
展開2	○元の成立 ◇ユーラシア大陸東部にある元の君主が，モンゴル帝国全体の君主であったことを捉える。 ○東西貿易，文化の交流 ◇モンゴル帝国の成立によって，東西貿易や文化の交流がさかんになった理由を考える。	◎元の君主フビライ・ハンのときに，ヨーロッパの商人や文化の交流がさかんになったこと，日本がヨーロッパに紹介されるきっかけがあったことなどに気付かせる。 ◎多くの国に分かれているときと比較し，安全面や商品の購入や運搬などに必要な賃金について考えさせる。 ■東西貿易や文化の交流がさかんになった理由を考え，文章にまとめることができる。【思考・表現】
まとめ	○次時の予告 ◇ユーラシア大陸を支配した元が，日本を攻めにきた理由を，地図を見て考えておく。	◎騎馬遊牧民が海路の支配に動き出したことに気付かせる。

【参考文献】
○『授業が変わる！新学習指導要領ハンドブック中学校社会編』時事通信出版局，2017年
○『最新世界史図説　タペストリー』帝国書院，2008年
○『改訂版詳説世界史研究』山川出版社，2010年
○武光誠『海から来た日本史』河出書房新社，2004年
○大江一道・山崎利男『物語　世界史への旅』山川出版社，1992年
○川口素生『北条時宗と蒙古襲来がわかるＱ＆Ａ100』竹内書店新社，2000年
○藤野紘『世界の「道」から歴史を読む方法』河出書房新社，2011年
○松井秀明『エピソードでまなぶ日本の歴史②　中世への旅』地歴社，2010年
○水村光男『この一冊で世界の歴史がわかる！』三笠書房，1996年
○斎藤整『ヨコから見る世界史』学習研究社，2004年

(3) 近世の日本

● 1　目指す資質・能力

　今回の改訂では，全時代とも「課題を追究したり解決したりする活動を通して，次の事項を身に付ける」「次のような思考力，判断力，表現力等を身に付ける」となっており，近世においても次項に示す事項についての知識を身に付けることとされている。

　そのためには，「生徒の学習への動機付けや見通しを促」すために，生徒が追究して答えを出したくなり，かつ深い理解への段階を意識した学習課題を設定するとよい。近世では，古文書や絵画[1]，経済動向や地域の歴史に関する資料などを基に，生徒が協働して課題解決を目指し，深い理解に至る学習指導の構想が可能であろう。また，近年の歴史学の成果を反映した授業展開例も可能である。小学校での既習内容からイメージされる「近世」とは異なる資料や発問を提示し歴史観を揺さぶることで，生徒が進んで考察するようにする手立てが考えられよう。加えて「身近な地域の歴史上の人物と文化遺産を取り上げる」ことで，生徒の主体性を引き出す手立ても考えられる。

　新学習指導要領に明示されている「考えられる追究の視点例」も参考としながら学習指導を進めることとなるが，近世，特に事項「江戸幕府の成立と対外関係」については『解説』において「歴史的分野の学習内容と学習の過程の構造化図」が示されており，指導の際の参考となるであろう。

　なお学習指導計画の立案に当たっては，同じ範囲の学習であっても生徒の実態が異なれば身に付けさせたい資質・能力も異なってくる。これまで生徒に身に付いた資質・能力を把握した上で，学習指導における手立てを工夫する，言わば「教科におけるカリキュラム・マネジメント」が必要であろう。

　以下，新学習指導要領の項目に沿って，指導内容を検討していくこととする。

2 指導内容の捉え方と授業のポイント

㈦ 世界の動きと統一事業

　今回の改訂で「戦国の動乱」は近世から中世の指導事項となったが，近世の「年代の基本に関わる視点」では，この時代区分の変化自体を取り上げて追究する学習課題を通して，近世の特色を中世と比較して考察し表現する授業事例なども考えられよう。

　信長・秀吉・家康については，並列で扱い特色を比較させて導きまとめる学習活動などが多いが，近年では研究も進んでおり，俗説にとらわれずより深い学びを設計可能であろう[2]。

　今回の改訂では「ヨーロッパ人来航の背景とその影響」において，「その背景となるアジアの交易の状況やムスリム商人などの役割と世界の結び付きに気付かせる」が追加された。グローバル化の進展や高等学校・地理歴史科「歴史総合」新設に対応し，世界の歴史の扱いを充実させたものである。

　十字軍を通して，敗れたヨーロッパ側はオスマン帝国を迂回して直接香辛料等の交易を目指し航路開拓を行うが，勝利したイスラーム側は，陸路や海路を用いて商業ネットワークを拡大した。ムスリム商人は布教を拡大する役割も担い，巡礼者を増加させて東西交通路の往来を増やして沿道のオアシス都市や港市を繁栄させると同時に，アジア交易にも参入することとなった[3]。指導の際は，地理的分野での世界の諸地域の学習内容を確認しながら進めることが重要であろう。

㈣ 江戸幕府の成立と対外関係

　ここでは幕藩体制について触れることとなるが，幕藩体制についての理解を深める視点として，「赤穂浪士の討ち入りへの処罰に対する評価を考える」を事例[4]として，「歴史に見られる諸課題について，複数の立場や意見を踏まえて選択・判断する力」を養うこともできよう。それは，教科目標である「公民としての資質・能力」，また社会参画を視野に含めた「構想する力」にもつながる。

幕藩体制下では多くの貨幣が流通したが，主要鉱山を所有して貨幣鋳造権を独占した理由について追究させる事例を通して経済的なものの見方・考え方を習得させる機会とすることも可能だろう[5]。

　また農民の生活については，「慶安の御触書」の存在に疑問が投げかけられており，貧農史観を揺さぶる学習課題を設定することも可能だろう[6]し，綱吉による「生類憐みの令」は世界初の動物愛護法であり，文治政治の推進者として評価されつつある点を捉え，近世社会の特色を追究させることができよう[7]。また今回の改訂では，次の①・②の点に留意が必要である。

　①従来の「鎖国下の対外関係」が「鎖国などの幕府の対外政策と対外関係」に改められ，「17世紀初めの活発な貿易に触れる」とされた。

　閉鎖的な「鎖国」のイメージとは異なり，四つの窓口で交易が行われていたことの意図を「日本的華夷秩序」意識の成立と関連させながら「江戸時代の日本人の世界観はどのようなものだったのか」について追究させる事例などが考えられる。また後年への影響について考察させることもできよう。

　②「様々な伝統や文化の学習内容の充実」の観点から，「先住民族として言語や宗教などで独自性を有するアイヌの人々の文化についても触れる」となった。②のアイヌの人々に関する研究や授業実践についてはすでに進展しており[8]，また副読本も存在する[9]ため，それらを通して「歴史に見られる文化や生活の多様性に気付かせる」こともできよう。

(ウ)　産業の発達と町人文化

　産業の発達については，生産力の向上と商業の発達，また交通網の整備によって地域都市が発展したことを，「身近な地域の特徴を生かす」「身近な地域の事例を取り上げるように配慮」して指導することとなっており，それは学習する生徒自身の実感を伴う，真正な学びともなり，動機付け向上にもつながるであろう。

しかし，地域教材の開発状況は地域によって異なる。自治体によっては地域史の副読本が存在する[10]ところもあれば，自力で教材を開発した事例もある[11]。

(エ) 幕府の政治の展開

「社会の変動」については，環境・気候の変化についてのグラフ等の読み取りを通して，飢饉の発生，政治的変化を推測させる指導事例が考えられる[12]。また，実際の「幕府の政治改革」については，狂歌などを通して田沼政治や寛政の改革についての政策を評価する学習活動などが可能だろう[13]。

また，「特別の教科　道徳」の内容と関連して，「社会科の指導においては，その特質に応じて，道徳について適切に指導する必要がある」とされた。江戸後期の身分制社会の動揺について追究させるとき，被差別民については，民衆の経済的成長による幕藩体制動揺の観点から引き締めを図った点に気付かせることも触れるべきであろう[14]。またその表れの一つとして，渋染一揆を取り上げ，一揆の民衆の意図や願いなどを想像させてもよい[15]。

○　近世の日本を大観して，時代の特色を多面的・多角的に考察し，表現すること

ここでは，三つ事例を挙げたい。

①「江戸時代を二分割するとしたらそれはいつか」との学習課題に対し，多面的・多角的な考察を通して知識を得るとともに，「時代の転換」とは何かを問う新たな学習活動へとつながる事例が考えられる。

②学習課題を「江戸時代は誰が中心の時代か」とし，当事者性を高めるため，グループ内で将軍・天皇・大名・旗本・商人・農民・文化人など様々な立場に立った生徒が，それぞれ自分の立場から主張することを通して，江戸時代の特色について理解を深めさせることもできよう[16]。

③「○○藩（中学校のある藩）から見た江戸時代」として大単元の

指導計画を立てる（より広範囲の，「四国から見た江戸時代」などでもよいだろう）。そして，鎖国などの対外政策や交易の影響，参勤交代，飢饉や改革，災害などのときに○○藩や藩民はどう対応し，どう対応すればよかったかを話し合う学習活動を通して，社会参画力を高め，公民的資質を養いつつ，生きて働く基本的な知識・技能も同時に習得する。事前学習などで「博物館，郷土資料館などの施設を見学・調査したりする」ことで，より主体的な学びにつながるのではないだろうか。見学等の時間がとれないようであれば，教師が事前に撮っておいたインタビュービデオなどを視聴させるなどの手立ても考えられよう[17]。

● 3　授業展開例

【小単元】「ヨーロッパ人来航の背景〜ムスリム商人が結びつける世界〜」

【本時の目標】　資料を基に，大航海時代の背景についてグローバルな視点から表現できる

【導入】　以前学習したモンゴル民族について振り返る（3分）

【展開】　モンゴル民族の信仰した宗教について，班で話し合い予想を立てる（5分）

　　　　予想を発表し，予想が正しいかどうか資料1で調べる（10分）

＊資料1：

①13世紀のユーラシア

　（地図資料…『明解世界史図説　エスカリエ』帝国書院）

②イル＝ハン国のイスラム教国教化

　（文章資料…「モンゴル帝国の四ハン国の一。1258年，チンギス＝ハンの孫フラグがアッバース朝を倒し，イランの地を中心に建国。都はタブリーズ。7代のカザン＝ハン（在位1295〜1304）の時代にイスラム教を国教とし，領土を広げ全盛期を迎えたが，1335年以降は内紛で衰退，1353年に滅亡。」）

　→以下の2点に気付き，説明し合う

・モンゴル民族が元以外にも支配領域を持ち，大きな勢力を持っていたこと
・西アジアを支配した一部のモンゴル人はイスラム教徒だったこと

＊学習課題：「なぜ西アジアのモンゴル民族はイスラム教徒だったのか」を設定する

　→その理由を資料１・２を基に班で話し合う（15分）

＊資料２：
①ムスリム商人の実際の交易の様子
　（写真…『明解世界史図説　エスカリエ』帝国書院）
②イスラム教徒になる方法
　（文章資料…「２人以上のムスリムの証人の前で，『アッラーのほかに神はなく，ムハンマドはアッラーの使徒だということを私は証言します』と口に出して言うことでイスラームの信仰を受け入れることを表明します。通常はモスクなどのイスラーム機関で行います」）
　→地中海・紅海貿易で繁栄したムスリムのネットワークがアジアにも広がっていったことに気付く
　→イスラム教徒のなりやすさもあり，商業上の関係を維持するため取引相手が次々と改宗し，イスラム教徒の商業活動の広がりによって分布も広がることに気付く

まとめ：今日学んだ内容について班で１枚の画用紙にまとめて提出する（17分）
　　　　（班員全員が感想を記入する欄を設け，次の時間に提出）

【参考文献】
１）日本史視覚教材研究会・阿部泉『謎トキ日本史　写真・絵画が語る歴史』2016年，埼玉県高等学校社会科教育研究会歴史部会『日本史授業で使いたい教材資料』2012年
２）日本史史料研究会編『信長研究の最前線』2014年，『秀吉研究の最前線』2015年，『家康研究の最前線』2016年

3）田尻信壹「単元「イブン・バットゥータが旅した14世紀の世界」の開発—新学習指導要領世界史Aにおける「ユーラシアの交流圏」の教材化—」『社会科教育研究』2004年
4）乾正学「法意識を視点とした意思決定学習の授業開発—歴史法廷「赤穂事件」を裁く！—」『社会科教育論叢』2006年
5）紙田路子「構造主義からの小学校社会科歴史学習の設計—「石見銀山から江戸幕府をみる〜江戸システムの確立」の授業設計—」『社会系教科教育学研究』2010年
6）兼子明「所謂「慶安御触書」の教材化に関する一考察—史料的信憑性に対する疑義をふまえて—」『社会科教育研究』1995年
7）高橋・三谷・村瀬『ここまで変わった日本史教科書』2016年
8）吉田正生「中学校社会科（歴史的分野）教科書にみられるアイヌ民族関係記述について—その現状と改善試案—」『教育研究ジャーナル』2013年
9）財団法人アイヌ文化研究推進機構『アイヌ民族：歴史と現在』2001年
10）『江戸から東京へ』東京都教育委員会，2013年
11）倉澤秀典「江戸時代の産業・流通の発達を捉える授業—「新潟町」発展の原因・背景を追究する活動を通して—」『社会科教育論叢』2006年
12）深草正博『環境世界史序説』国書刊行会，2001年
13）松井政明『社会科教育の探求』西日本法規出版，2004年
14）米田豊「部落史研究の成果を組み込んだ社会科内容論—近世を中心にして—」『社会科研究』1996年
15）近藤誉輔「社会認識教育としての人権教育の創造—中学校歴史的分野小単元「渋染一揆」の授業開発を通して—」『社会系教科教育学研究』2009年
16）大迫宣之「系統的に展開する歴史的分野の授業の構想と展開—「近世の日本」の実践を通して—」『史人』2013年
17）『○○藩（シリーズ藩物語）』現代書館，『○○県の歴史』山川出版社など

C 近現代の日本と世界

● 1 目指す資質・能力

「(1) 近代の日本と世界」では「課題を追究したり解決したりする活動を通して」以下のような「知識」を身に付けることとされている。

> (ア) 欧米における近代社会の成立とアジア諸国の動き
> (イ) 明治維新と近代国家の形成
> (ウ) 議会政治の始まりと国際社会との関わり
> (エ) 近代産業の発展と近代文化の形成
> (オ) 第一次世界大戦前後の国際情勢と大衆の出現
> (カ) 第二次世界大戦と人類への惨禍

また「(2) 現代の日本と世界」では，同様に以下のような「知識」を身に付けるものとされている。

> (ア) 日本の民主化と冷戦下の国際社会
> (イ) 日本の経済の発展とグローバル化する世界

そして，これらの知識を踏まえ，「多面的・多角的に考察」し，表現することが求められている。とりわけ「歴史と私たちとのつながり，現在と未来の日本や世界の在り方」については，「課題意識をもって多面的・多角的に考察，構想し，表現すること」とされ，公民的分野とのつながりを意識した表記となっている。

● 2 指導内容の捉え方

まず，日本が近代国家としてどのような国づくりを目指していたのかを，明治維新以前の我が国の状況を踏まえた上で捉えさせることが重要である。そして「議会政治の始まりと国際社会との関わり」については，アメリカの独立やフランス革命についての学習から，「18歳

選挙権」を踏まえ，主権者教育の視点から指導内容を捉えるべきである。また，近年重要視されている「北方領土問題」や「竹島・尖閣諸島問題」とからめて，領土の画定について，我が国の立場が歴史的にはもちろんのこと，国際法上も正当であることを理解させるよう指導する。

また，「近代の日本と世界を体感」させるため，「近代文化の形成」や「大衆の出現」を，現代の社会生活と比較したり，身近な生活に置き換えるなどして，生徒が自らの経験を置き換えられるような指導を心がけたい。

そして日本の民主化の過程については，健全な民主主義社会の形成者となるべく「日本国憲法」の制定を，小学校の学習内容も踏まえた上で，その歴史的意義について考察できるように指導したい。日本の経済発展については，社会を形成する主体者としての意識を喚起することも重要である。

● 3　学習の特色

この項における学習の特色としては，近世以前の学習に比べ，客観的な数値データなどが比較的多く存在していることが挙げられる。また，インターネット等を活用して，比較的容易にデータが収集できる。そのようなデータ資料から，「時代の特色」を，社会情勢面や経済面，当時の人々の生活面や文化・思想面，国際情勢など，「多面的・多角的」に考察させることができる。また様々な資料から，多様な表現活動を通して学習活動をまとめたり，発表し合ったりする学習形態が取りやすい。

(1) 近代の日本と世界

1 目指す資質・能力

前述の身に付けるべき「知識」㈜～㈹を踏まえ，「工業化の進展と政治や社会の変化，明治維新の諸改革の目的，議会政治や外交の展開，近代化がもたらした文化への影響，経済の変化の政治への影響，戦争に向かう時期の社会や生活の変化，世界の動きと我が国との関連などに着目して，事象を相互に関連付けるなどして」以下のような「思考力，判断力，表現力等」を身に付けることとされている。

> ㈜ 工業化の進展と政治や社会の変化，明治維新の諸改革の目的，議会政治や外交の展開，近代化がもたらした文化への影響，経済の変化の政治への影響，戦争に向かう時期の社会や生活の変化，世界の動きと我が国との関連などに着目して，事象を相互に関連付けるなどして，アの㈜から㈹までについて近代の社会の変化の様子を多面的・多角的に考察し，表現すること。
>
> ㈸ 近代の日本と世界を大観して，時代の特色を多面的・多角的に考察し，表現すること。

「工業化の進展」や「近代化」については，従来までの視点に加え，ESD（持続可能な開発のための教育）の視点も踏まえ，地理的分野の学習との整合性を図ることも重要である。また「戦争に向かう時期の社会や生活の変化」については，我が国における戦争の惨禍はもちろん，交戦国や周辺国の立場からの検証を加え，生徒が平和な社会の建設者となるべく指導したい。

また，近年重要度が増している「領土問題」については，その起源が明治維新後の歴史的事象に負うところが多い。領土画定の過程に着目させ，あらためて「北方領土問題」や「竹島・尖閣諸島問題」における我が国の立場が，歴史的にはもちろんのこと，国際法上も正当で

あることを理解させるよう指導する。

そしてこれらの事項を，客観的な資料を基に様々な視点から議論できる資質・能力を養い，国際社会においても課題を平和的に解決し，活躍できる人材を育成していく。

2　授業構成のポイント

まず「課題解決学習」の視点から，生徒に課題意識を持たせることが重要である。いわゆる「18歳選挙権」を踏まえ，法主体者・経済主体者となる上で，必要な「見方・考え方」を持たせることができるよう指導したい。

学習しているそれぞれの時代に我が身を置き換えて考察できるような学習条件，今の生活環境との比較や当時の情勢を体感できるような学習条件，生徒がこれからの社会をよりよいものとして実現するために「構想」できる場面づくり等を提示できるような授業構成をする。そのためにも客観的かつ適切な資料の収集・提示が欠かせない。

次に，単元等のまとまりを見通した学びの実現が重要である。とかく一単位時間の授業の中に，様々な生徒活動を盛り込んで，「活動あって学び無し」という授業に陥りがちになることがある。このような事態を避けるためにも単元の授業構成を，主体的に学習を見通し振り返る場面，グループで対話する場面，生徒が考える場面と教員が教える場面等を一単位時間の中ではなく，単元や題材のまとまりの中で組み立てることが大切である。

また，今般の改訂で「第3　指導計画の作成と内容の取扱い」の1(4)に「障害のある生徒などについては，学習活動を行う場合に生じる困難さに応じた指導内容や指導方法の工夫を計画的，組織的に行うこと」と規定された。特別な支援を必要とする生徒の指導については，知識の定着の観点から，指導内容や指導方法，学習活動の形態などについて，複数の選択肢を設けるなど，フレキシブルな対応が求められる。

それから2(4)に「社会的事象については，生徒の考えが深まるよう

様々な見解を提示するよう配慮し，多様な見解のある事柄，未確定な事柄を取り上げる場合には，有益適切な教材に基づいて指導するとともに，特定の事柄を強調し過ぎたり，一面的な見解を十分な配慮なく取り上げたりするなどの偏った取扱いにより，生徒が多面的・多角的に考察したり，事実を客観的に捉え，公正に判断したりすることを妨げることのないよう留意すること」の規定が新設された。近年インターネットに代表されるSNSの充実・発達により，あらゆる情報が瞬時に，また大量に収集できる状況にある。このことから，資料の選択・提示については，その出典や妥当性を十分に吟味した上で取り扱うとともに，人権課題，ひいては法的に抵触する事項がないかなど，十分な配慮が必要である。

3　授業展開例

C　近現代の日本と世界

(1)　近代の日本と世界　ア

> (カ)　第二次世界大戦と人類への惨禍
>
> 　　経済の世界的な混乱と社会問題の発生，昭和初期から第二次世界大戦の終結までの我が国の政治・外交の動き，中国などアジア諸国との関係，欧米諸国の動き，戦時下の国民の生活などを基に，軍部の台頭から戦争までの経過と，大戦が人類全体に惨禍を及ぼしたことを理解すること。
>
> (内容の取扱い(4)ア)
>
> (1)のアの(カ)については，国際協調と国際平和の実現に努めることが大切であることに気付かせるようにすること。

⬇

　太平洋戦争開始直前（1930〜1940年）の様々なデータから，太平洋戦争の回避をシミュレーションしてみよう。

- 当時の日本とアメリカの経済状況や社会情勢を，客観的な資料から理解する。
- 当時の日本とアメリカの状況を示す様々なデータを「多面的・多角的」に考察し，平和な社会実現のために何ができたかを検証する。
- 当時の日本の対外貿易の状況を，客観的な資料から理解する。
- 外交手段等「国際協調と国際平和の実現に努めること」の重要性を理解する。
- 学習する上で必要なデータ資料を確認し，それらの収集や出典を調べることにより，社会的事象を「多面的・多角的」に検証し，発表などを行うことにより「表現力」を養う。

太平洋線戦争において，
- 日本にとってのデメリットはどのようなことだったのか。
- アメリカにとってデメリットはなかったのか。あったとすればどのようなことか。
- 日米双方のデメリットを明確にして，太平洋戦争を回避することはできなかったのか。

① 本時の目標

　資料を見て太平洋戦争を回避するためにはどうすればよかったかを考え，国際平和の大切さを体感する。

② 本時の展開

	学習内容 学習活動	指導上の留意点・資料	具体的な評価基準 （評価方法）
導入5分	既習事項の確認 本時目標の確認	戦争までの経過の正しい理解の確認 国際協調と国際平和の実現の重要性に着目	
展開35分	①開戦が日米両国にとって不利益であることを理解する。 ②開戦回避の具体策を客観的データから提示する。	【日米開戦前のデータ】 日米開戦前のデータを正確に読み取らせる。 4人グループになり、日米開戦回避の具体策を検討させる。	客観的データを多面的・多角的に活用している。 自らの意見の根拠を客観的データに求めている。
まとめ10分	各グループ1分程度で、戦争回避の具体策を発表する。	客観的データを、具体策の根拠として示せるよう留意する。	具体的に発表できている。 他のグループの発表をきちんと聞いている。

※次ページの資料参照。

③ 本時のまとめについてのルーブリック（評価基準）

A：根拠を明示して日米双方の立場を分析し、自分の意見をまとめている。
B：根拠を明示して自分の意見をまとめている。
C：自分の意見をまとめている。

第3節　歴史的分野の改善と授業構成（歴史C(1)）

1940年当時の日米比較データ

総人口（　）は現代の数値　　出典

日本	7250万581人（1億2675万人）	人口統計データベース 総務省統計局2017年7月20日発表
アメリカ	1億3,216万4569人	アメリカ大陸地理情報館

実質国内総生産（GDP）　＊公民的分野の内容にもなるので配慮が必要

日本	20兆1766億ドル	
アメリカ	93兆0828億ドル	「世界経済の成長史1820〜1992年」アンガス・マディソン

鉄の生産量

日本	685万6000トン	「日本の鉄鋼統計」「鉄鋼統計要覧」（日本鉄鋼連盟）
アメリカ	5631万3000トン	「日本長期統計総覧」（日本統計協会）

石炭の生産量

日本	5631万3000トン	「日本の鉄鋼統計」「鉄鋼統計要覧」（日本鉄鋼連盟）
アメリカ	4億6200万トン	「日本長期統計総覧」（日本統計協会）

1時間当たりの発電量

日本	347億kWh	
アメリカ	1799億kWh	「Energy Statistics Yearbook」（国連）

自動車保有台数

日本	152万台	
アメリカ	3245万3000台	「世界自動車統計年報」日本自動車工業会

24歳男女の未婚率

日本	35％	石原邦雄「公共利用ミクロデータの活用による家族構造の国際比較研究」
アメリカ	20％	

前10年（1929〜1939年）の経済成長率　＊公民的分野の内容にもなるので配慮が必要

日本	4.8％	Monitoring The World Economy 1820 - 1992 OECD（経済協力開発機構）
アメリカ	0.2％	

日本の輸入割合（1940年）

鉄鋼　総額3億8500万円

| アメリカ 69.9％ | 中国 15.6％ | インド 7.5％ | その他 |

石油　総額3億5200万円

| アメリカ 76.7％ | 蘭領東インド（インドネシア）14.5％ | その他 |

機械類　総額2億2500万円

| アメリカ 66.2％ | ドイツ 24.3％ | その他 |

「図説日米開戦への道」（河出書房新社）

日本の輸出割合（1930年）

生糸

| アメリカ 96％ | | フランス2％ イギリス・カナダ各1％ |

綿織物

| イギリス領インド 44％ | 中国・香港 34％ | エジプト4％ その他18％ |

絹織物

| イギリス領インド 17％ オーストラリア 17％ | 蘭領東インド 9％ | その他 60％ |

「データで見る太平洋戦争」（毎日新聞社）

(2) 現代の日本と世界

● 1 目指す資質・能力と指導内容の捉え方

> (2) 現代の日本と世界
> 　課題を追究したり解決したりする学習を通して，次の事項を身に付けることができるよう指導する。
> 　ア　次のような知識を身に付けること。
> 　　(ｱ) 日本の民主化と冷戦下の国際社会
> 　　(ｲ) 日本の経済の発展とグローバル化する社会
> 　イ　次のような思考力，判断力，表現力等を身に付けること。
> 　　(ｱ) 諸改革の展開と国際社会の変化，政治の展開と国民生活の変化などに着目して，事象を相互に関連付けるなどして，アの(ｱ)及び(ｲ)について現代社会の変化の様子を多面的・多角的に考察し，表現すること。
> 　　(ｲ) 現代の日本と世界を大観して，時代の特色を多面的・多角的に考察し，表現すること。
> 　　(ｳ) これまでの学習を踏まえ，歴史と私たちとのつながり，現在と未来の日本や世界の在り方について，課題意識をもって多面的・多角的に考察，構想し，表現すること。

　ここでは，アの「知識」を身に付ける学習と，イの「思考力，判断力，表現力等」を身に付ける学習を有機的に結び付けて課題追究的な学習の実現を図っている。したがって教師は，イの(ｱ)に示された着目点を踏まえて適切な課題を設定し，それを追究することを通してアの(ｱ)(ｲ)を身に付けさせる指導計画を立てる必要がある。

　また，イの(ｲ)にあるように，時代を大観する学習は近代以前の学習と同様に進めていく。

　さらに，Ｃ「(2) 現代の日本と世界」のイだけに(ｳ)という項目が設

定されている。ここでは歴史学習全体のまとめとして「現在と未来の日本や世界の在り方」について,「あるべき姿」を生徒自身が構想できるように,適切に課題を設定してレポートなどにまとめさせ,公民的分野の学習へ向けた課題意識を形成させることが求められている。そのためには,現代史の学習を通して日本と世界が解決していかなければならない課題をこれ以前に見いださせておく必要がある。

● 2　授業構成のポイント

「現代」史の学習は,「現在」の社会を直接的に規定していることに気付かせることが重要である。「現代の日本と世界」は,第二次世界大戦後から20世紀末ごろまでの歴史を扱い,我が国の現代の特色を,我が国の歴史の大きな流れの中に位置付け,世界の動きを背景に理解させることがポイントとなる。

その際の留意点は,次の三点である。第一に現代の歴史の特色を捉えさせること。第二に近代までの学習で現代の歴史の特色に関わる事象を確実に取り扱っておくこと。第三に公民的分野の学習につながる内容を確実に取り扱うことである。つまり,「近代までの学習」→「現代の学習」→「公民的分野の学習」という学習の流れを踏まえて指導計画を立て,この時代の学習が我が国の歴史の大きな流れの中でどのような意味を持つ時代なのか,また,公民的分野で学習する現在の日本社会がどのようにして成立してきたかを理解させる必要がある。

① 我が国の現代の歴史の特色

この時期の我が国は,第二次世界大戦後の混乱の中から民主的な文化国家を目指して再建と独立の道を歩み,冷戦などの世界の動きとの関わりの中で,経済や科学技術の急速な発展を成し遂げた時代である。さらに冷戦終結後,グローバル化が一層加速する中で,日本の役割の在り方が問われることとなった時代である。

このような時代について,その特色を生徒自身が根拠を持ってつかむためにはどのような知識が必要か,その知識をどのような方法で習

得させるか，習得させた知識をどのように活用させ，時代の特色の理解に導くか，などを考えて指導計画を立てることが必要である。

その際に，「歴史的な見方・考え方」を働かせて考察することが求められているとともに，特にここでは，主権者教育への対応として戦後民主化の学習で「男女普通選挙の確立」「日本国憲法の制定」などを取り扱い，日本国憲法の基本原則などを取り上げて，その歴史的意義に気付くことができるようにすることとされている。

㋐ 日本の民主化と冷戦下の国際社会

> 冷戦，我が国の民主化と再建の過程，国際社会への復帰などを基に，第二次世界大戦後の諸改革の特色や世界の動きの中で新しい日本の建設が進められたことを理解すること。

冷戦については，国際連合の発足，米ソ両陣営の対立，アジア諸国の独立，朝鮮戦争，その後の平和共存の動きなどを背景として，我が国の動きとの関係を明確にしながら扱う。例えば冷戦の激化がアメリカの日本占領政策に転換をもたらしたことは，公民的分野で学習する日本国憲法の平和主義を巡る問題にも直結してくる。また，朝鮮戦争が我が国の経済的な復興を加速したことなど，因果関係を捉えさせることが必要である。

我が国の民主化と再建の過程については，戦後の混乱の中で，国民の貧しさからの解放の願いや平和と民主主義への期待などを背景に，大きな改革が次々に進められ，現代日本の骨組みが形成されたことに気付くことができるようにする。例えば五大改革指令や日本国憲法の制定などが，現在の日本社会の土台となっていることを理解させることは容易であろう。その際に，主権者教育の視点を十分に意識して指導する必要がある。

(イ) 日本の経済の発展とグローバル化する世界

> 高度経済成長，国際社会との関わり，冷戦の終結などを基に，我が国の経済や科学技術の発展によって国民の生活が向上し，国際社会において我が国の役割が大きくなってきたことを理解すること。

　高度経済成長については，我が国における産業・経済や科学技術の著しい発展とそれに伴う生活の向上や，それらを背景とする世界有数の経済大国への急速な成長，および「石油危機」が政治や経済に及ぼした影響などに気付くようにする。例えば，高度経済成長については，指導計画の中に生徒の祖父母などに対する聞き取り調査を入れると身近で具体的な資料が入手でき，学習意欲の喚起にもつながるだろう。また少子高齢化がこの頃から始まることにも触れる。石油危機については中東戦争との関係を踏まえて理解させることとともに，省エネルギーの取組が始まったことにも留意する必要がある。

　国際社会との関わりについては，「沖縄返還，日中国交正常化」などを扱うようにする。これは冷戦の推移（平和共存）を背景として捉えさせる必要がある。

　冷戦の終結については，世界規模での米ソ両陣営の対立が終わったことや，その影響などについて気付くようにする。例えば，東ヨーロッパの変化や東西ドイツの統一，ソ連の崩壊などである。また，これを境にグローバル化が進んだことにも触れるとよいであろう。グローバル化については，インターネットなどの通信手段，交通手段などの発達とともに自由主義経済の東側への拡大もその要素として存在する。

　また，冷戦終結後の国際社会についても，民族や宗教を巡る対立，国家を超えた地域統合，地球環境問題とその取組，資源やエネルギーをめぐる課題や，我が国と近隣諸国との間の領土をめぐる問題や，日本人拉致問題など，主権や人権，平和など様々な課題が存在している

こととともに，それらを解決するための様々な努力が重ねられていることに気付くようにする。例えば，冷戦の終結に伴う地域紛争の表面化，EUをはじめとする地域統合の持つ意味，地球環境問題，資源エネルギーの問題など地球的な規模の問題などについて考察する。その一方で日本独自の問題も存在する。いずれもこれからの日本や世界が解決していかなければならない問題であり，「現在と未来の日本や世界の在り方」の構想，公民的分野での学習につながる課題でもある。

② 近代までの歴史学習とのつながり

アジア諸国の独立については，第二次世界大戦までの帝国主義についてしっかりと学習しておく必要がある。戦後改革で「男女普通選挙の確立」を取り上げるならば，近代における選挙制度の推移や女性の無権利状態について学習しておくことが必要である。財閥解体や労働者の保護，農地改革についても，日本の産業革命以降の財閥の形成と労働者の状態，地主と小作農の関係の学習などを踏まえて行う必要がある。また「日本国憲法の制定」も，その基本原則を比較できるように大日本帝国憲法の学習で「主権の存在」「基本的人権の扱い」について押さえておく必要がある。さらに，自由民権運動や大正デモクラシーについても戦後民主主義の学習を見通して学習内容を検討することも重要であろう。「平和主義」については，第一次世界大戦以降の戦争違法化の国際的取組の過程を踏まえて学習する必要がある。

このように，歴史学習で習得させる知識は，その歴史的背景を踏まえることではじめてその意義を理解できる。近代までの学習では，現代の学習を見通して，その内容を意図的に指導しておく必要がある。

③ 公民的分野の学習とのつながり

公民的分野で最初に学習する「現代社会の特色」の中で例示されている「少子高齢化」「情報化」「グローバル化」が現代の歴史のどの段階から，どのようにして生じてくるかを学習しておく必要がある。

また，人権，主権者意識，安全保障，防災，労働，資源・エネルギー，

第3節　歴史的分野の改善と授業構成（歴史C(2)）

国際協調，国際貢献，地球環境など，政治や経済，国際社会など公民的分野の内容全般に関わる事項が発生する発端を現代の歴史の中において見いだし，生徒の意識付けを行っておくことが必要であろう。

● 3　授業展開例

時	学習内容	指導上の留意点
1	①日本における戦争の影響 ・工業生産力，農業生産力，物価などを戦前と比較。	・戦後の混乱，貧しさからの解放の願い，平和や民主主義への期待などの背景となることを理解させる。
	②占領のはじまり ・非軍事化	・軍隊の解散，極東軍事裁判，公職追放などの歴史的意味を捉えさせる。
2 3	③日本の民主化（五大改革指令，日本国憲法の制定など） ・婦人参政権，労働組合の奨励，教育基本法，治安維持法の廃止，経済の民主化（農地改革，財閥解体） ・日本国憲法の制定と三原則	・日本の民主化が現在とどのように関係しているか捉えさせる。 ・男女普通選挙の確立について，その意義を理解させる。 ・日本国憲法の三原則について，近代の歴史を背景にその歴史的意義を捉えさせる。
	・時代の転換を捉える学習	・戦後改革によって日本社会がどのように変化したか捉えさせる。
4	④冷戦 ・国際連合の発足，米ソ両陣営の対立，アジア諸国の独立，朝鮮戦争	・冷戦の激化が東アジア（つまり日本の近辺）でも起こっていることに注目させる。
5	⑤占領政策の転換 ・冷戦の激化が日本社会に与えた影響	・朝鮮戦争がGHQの占領政策にどのような影響を与えたか考えさせる。 ・朝鮮戦争が日本の経済の復興に影響を与えたことを理解させる。
6	⑥国際社会への復帰 ・サンフランシスコ平和条約，日米安全保障条約，日ソ共同宣言，国際連合への加盟	・日本の独立が冷戦下で回復したことの影響について理解させる。
7	⑦緊張緩和 ・アジアアフリカ会議，ベトナム戦争とその終結，日韓基本条約，日中平和友好条約，沖縄返還	・平和共存の動きとその日本への影響について捉えさせる。
8	⑧高度経済成長 ・高度経済成長，公害問題，中東戦争，石油危機	・高度経済成長のプラス面，マイナス面について理解させる。 ・日本が国際社会から経済大国としての役割を求められるようになったことを理解させる。

		・生活の向上，高学歴社会などによって少子高齢化が始まったことに触れる。
9	⑨現代の文化 ・マスメディアの発達，テレビの普及，インターネットの普及	・グローバル化の一要因である通信手段の発達（インターネット）が1990年代から進展してきたことに触れる。
10	⑩冷戦の終結 ・冷戦の終結とその影響，地域統合の進展，地域紛争の表面化	・グローバル化の一要因である東側世界との一体化が進んだことについて触れる。
11	⑪冷戦後の日本 ・国際貢献，東アジアにおける対立，バブル経済	・日本の国際的な役割が変化していることに気付かせる。 ・朝鮮半島の現状や中国と台湾の関係について触れる。 ・バブル経済の終わりと格差の拡大（貧富の差，都市と地方など）について触れる。
12・13	⑫現代の特色 ・現代の日本と世界の特色を捉える。	・現代の日本と世界の学習を，年表などを用いて振り返り，政治，経済，文化，国際関係などの面がどのように関係しているかを矢印で結ばせるなどして，その因果関係を捉えさせる。 ・見いだした因果関係を基に我が国の現代の特色を考えさせる。
	・現代の日本と世界の特色についてまとめる。	・グループで自分の考えを発表させる。 ・最終的な自分の考えをレポートなどにまとめさせる。
14・15	⑬日本と世界の課題 ・世界の民族や宗教のめぐる対立，地域統合と難民問題，地球環境問題，資源やエネルギー問題 ・日本と近隣諸国との問題	・現在の日本と世界が抱える解決すべき問題を捉えさせる。 ・今までの歴史学習を振り返り，特に近代以降，基本的人権の確立と進展，戦争防止の取り組み，科学技術の発達，生活の向上など，人類が達成してきたことも確認させる。
	・現在と未来の日本と世界の在り方についてまとめる。	・現在までの歴史を振り返るとともに，公民学習への意識付けになるように指導する。

第4節 公民的分野の改善と授業構成

1 公民的分野の目標と内容の改善

(1) 「主体的な公民」育成へ

現在,一般的に行われている公民的分野の授業は,生徒たちの日常生活から離れた抽象的な用語・制度の網羅的解説学習に陥っているのではないだろうか。このような授業を,生徒が「主体的な公民」となるために,精選された社会的な「見方・考え方」を働かせながら,社会的課題を考察し解決策を構想する学習に改善していくことが求められている。

新学習指導要領における公民的分野は,平成20年版学習指導要領の基本的な枠組みや教育内容を維持している。そのポイントは,平成20年版で打ち出された「見方・考え方」を働かせる公民学習を強化し,「主体的な公民」としての資質・能力の基礎を育成していく点にある。そのため新学習指導要領における公民的分野の総論的な目標は,「<u>現代社会の見方・考え方を働かせ</u>,課題を追究したり解決したりする活動を通して,広い視野に立ち,グローバル化する国際社会に<u>主体的に生きる平和で民主的な国家及び社会の形成者に必要な公民としての資質・能力の基礎</u>」(下線は筆者による)を育成すると謳う。

(2) 目標の改善——主権者育成と市民性育成の融合——

公民的分野が育成を目指す「主体的な公民」は,平和で民主的な国家及び社会の形成者を指し,憲法上の主権者である国民と,社会を自立的に形成する市民を融合した概念である。憲法上の主権者を育成す

ることは，公民教育（Civic Education）の基礎的な目標である。主権者である国民には，憲法が保障する基本的人権を享受し，それを保全・発展させるために立法権，行政権，司法権といった公権力を制御していく資質・能力が求められる。このような主権者育成の要素に，日常生活，市場経済，地域社会，国際社会等を自立的に形成するための市民性教育（Citizenship Education）の要素を融合することで，はじめて「主体的な公民」の育成が可能となる。

　しかし，このような「主体的な公民」の育成を担うのは，中学校社会科公民的分野だけではない。それは，幼児教育における領域「人間関係」や「環境」における原初的な公民学習を入口とし，小学校生活科・社会科，中学校社会科，高等学校公民科・地理歴史科へと続く「タテ軸」と，中学校で言えば家庭科，道徳科，特別活動，総合的な学習の時間といった他教科及び教科外活動と連携する「ヨコ軸」からなる大きな公民教育カリキュラムによって成立している。中学校社会科公民的分野は，そのような大きな公民教育を意識しつつ，分野の固有性と独自性を認識した目標の改善が必要である。

　新学習指導要領の目標を分析すると，中学校社会科公民的分野の固有性と独自性として，以下のポイントがある。

① 公民的分野では，「対立と合意，効率と公正」といった生涯にわたり活用可能な現代社会の見方・考え方の基礎を繰り返し鍛えること。

② さらに，経済では「分業と交換，希少性など」，政治では「個人の尊重と法の支配，民主主義など」，国際社会では「協調，持続可能性など」といった項目の特質に応じた視点も明確に示していること。

③ 公民的分野は，中学校社会科地理的分野及び歴史的分野と高等学校地理歴史科・公民科をつなぐ架け橋であり，特に高等学校公民科新科目「公共」との接続と役割分担を意識する必要があるこ

と。

④　公民的分野の目標は，総論的な目標に加え，(1)「知識及び技能」，(2)「思考力，判断力，表現力等」，(3)「学びに向かう力，人間性等」という三つの柱に対応した目標から構成され，(1)では「個人と社会との関わりの理解など」，(2)では「現代社会に見られる課題について公正に判断したりする力など」，(3)では「主体的に社会に関わろうとする態度など」が示され，それらを分野全体で有機的に統合しながら育成すべきと謳っていること。

(3)　内容の改善 ──「現代社会の見方・考え方」の積極的な活用 ──

それでは「主体的な公民」の育成を目指して，公民的分野の内容にどのような改善が必要となるだろうか。まず，生徒たちが社会と「主体的」に関わるための改善が必要となる。前述したように，現状の公民的分野の学習の問題点は，生徒の日常生活と乖離した用語・制度を，網羅的・羅列的に学習させている点にある。日常生活との乖離については，個人と社会との関わりや社会的課題の切実性を，全ての生徒に共通する基本的人権などの民主主義の根底にある基本価値を繰り返し活用しながら，認識させていくことが必要である。網羅的・羅列的な学習については，全ての生徒に育まれるべき公民としての資質・能力のミニマム・エセンシャルズとなる見方・考え方を精選することが重要である。

この二つの課題を解決していくのが，新学習指導要領で強調されている「現代社会の見方・考え方」を積極的に活用する公民学習である。主権者となる公民には，少なくとも公権力に深く関わる議員，官僚，裁判官等がどのような見方・考え方を駆使しているのか，その基礎を理解する必要があるだろう。また，市場経済を動かす公民には，消費者や経営者の見方・考え方の理解も必要となる。また社会的課題を学術的に研究している社会科学者の見方・考え方の基礎を学ぶことも大切である。このような様々にある現代社会の見方・考え方を包摂して

いくのが,「対立と合意,効率と公正など」の中学校公民的分野に特徴的な見方・考え方である。

例えば,「公道上に防犯のためのカメラを設置する是非」に関する社会的課題を考えてみる。公道上の防犯カメラ設置については,事件・事故の捜査やテロ対策など,犯罪の抑止や事件解決の証拠取集の有力な手段として賛成意見がある。しかし反面,防犯カメラが全ての市民の行動をチェックする監視カメラに転用され,行動の自由やプライバシーが侵害されるとする反対意見もある。「主体的な公民」は,このような「対立」を自分自身と関わりの深い社会的課題として認識し,「合意」できる解決案を構想することが必要となる。さらに,防犯対策に使用できる予算は限られており,カメラの設置場所を厳選しメンテナスの費用を抑えるなど,「効率」を重視した設置案も必要となる。さらに,公的な空間である公道にカメラが設置されることで侵害される可能性があるプライバシーや個人の自由への配慮といった「公正」を担保する解決案も必要となる。

生徒たちは,上記のような問題を,「効率」については「希少性」といった経済学や経営者などの視点から,また「公正」については「個人の尊厳」といった法学や裁判官などの視点から,さらに「効率」と「公正」の両立については「法の支配」を担う市民や議員などの視点から見方・考え方を豊かにしていく。教師は「効率」や「公正」を定義することも大切だが,生徒自身がそれらの見方・考え方のサブカテゴリーや準則を紡ぎ出すことを支援していくことも重要である。

このような公民学習を強化していくために,新学習指導要領における公民的分野の内容は,平成20年版の基本枠組みを堅持しつつ,まず大項目の「A 私たちと現代社会」において,公民的分野の学習全体を通して働かせる枠組みとなる「対立と合意,効率と公正など」の見方・考え方を学習する。それに加え,「B 私たちと経済」では「分業と交換,希少性など」,「C 私たちと政治」では「個人の尊重と法の

支配，民主主義など」，「D　私たちと国際社会の諸課題」では「協調，持続可能性など」を示し，項目に特有の視点も学習するよう改善されている。

　新学習指導要領が構想する現代社会の見方・考え方を働かせる公民学習は，生徒たちが「主体的な公民」となるために不可欠である。公民的分野を担当する教師は，生徒に受動的な暗記を強いるのではなく，生徒を公民授業の主権者であり自立的な形成者と捉え直し，新しい公民学習に挑戦していくことが求められる。

【参考文献】
○ 大杉昭英「社会認識体制の成長をめざす社会科・公民科授業：科学理論と倫理的判断基準の探究を通して」全国社会科教育学会『社会科研究』第60号，2004年
○ 文部科学省『中学校学習指導要領解説　社会編』平成29年６月（http://www.mext.go.jp/component/a_menu/education/micro_detail/__icsFiles/afieldfile/2017/12/04/1387018_3.pdf）

2　公民的分野の授業構成のポイント

(1)　はじめに──「目標」の視点より──

　公民的分野における授業構成について考えるときには，まず地理的分野や歴史的分野との違いを意識しなくては……，と誰もが思うことだろう。しかし当然のことながら，「改訂の基本方針[1]」に見られる中学校社会科や学校教育として「② 育成を目指す資質・能力」や，「③『主体的・対話的で深い学び』の実現に向けた授業改善」を意識することが求められる。

　その中でも特に意識したいのは，③オにおける「各教科等を学ぶ本質的な意義」「児童生徒が学習や人生において『見方・考え方』を自在に働かせることができるようにする」である。これは，授業を構想する際に，この授業で育成される「知識及び技能」「思考力，判断力，

表現力等」「学びに向かう力，人間性等」が，今後の人生のどのような場面で「生涯にわたって能動的に学び続ける」ための糧となり得るかを想定することである。その上で，「社会的な見方・考え方」のうち，公民的分野の特質に応じる形で整理されている，「『社会的事象を政治，法，経済などに関わる多様な視点[2]（概念や理論など）に着目して捉え，よりよい社会の構築に向けて，課題解決のための選択・判断に資する概念や理論などと関連付けて』働かせる」ことを意識すること，また「『見方・考え方』を働かせる際に着目する視点は……対立と合意，効率と公正など，多様にあることに留意すること」，が大切となってくるのである。

(2) 授業構成のポイント──「内容」の視点より──

　自戒を込めてではあるが，ややもすると，今日や明日の授業をどうするか，という短い視点で授業計画を作ってしまうことがある。ことに公民的分野で必要とされる「政治，法，経済などに関わる多様な視点（概念や理論など）」を教師自身が習得するためには，多岐にわたる学部を網羅するほどの研鑽が要求される。実際に教科書を紐解くと，政治，法，経済のみならず，文化や情報，国際関係，家族・家庭などが「内容」として盛り込まれており，その内容を理解するのに手いっぱいとなることもあろう。それに手間取るあまり，また逆に自分の理解が進んだがゆえに，かえって「知識を身に付けること」のみが授業の中核となる懸念が生じるのである。

　授業構成においては，「知識を身に付けること」を通してどのような「思考力，判断力，表現力等を身に付ける」のか，そしてそれが将来のどのような場面で活用されるのかを意識する必要がある。

　また，第1章1(2)③エには，「『主体的・対話的で深い学び』の実現に向けた授業改善」への留意事項として，「1回1回の授業で全ての学びが実現されるものではなく，単元や題材など内容や時間のまとまりの中で，学習を見通し振り返る場面をどこに設定するか，グループ

などで対話する場面をどこに設定するか，児童生徒が考える場面と教師が教える場面をどのように組み立てるかを考え，実現を図っていく」とある。同様のことが年間計画の中でも求められる。公民的分野全体の，3年間の中学校社会科の，ひいては義務教育の中での本時（1時間）であることを意識しながら，授業の構成をしなければならないのである。

(3) 授業構成のポイント──「内容の取扱い」の視点より──

第2章第2節3(3)(1)アでは，「地理的分野及び歴史的分野の学習の成果を活用」「これらの分野で育成された資質・能力が，更に高まり発展するようにする」「社会的事象は相互に関連し合っていることに留意」とあり，「分野全体として見通しをもったまとまり」を意識して授業を構成することが必要であるとされている。授業を構想する場合，公民的分野のみならず「他の二分野の学習で育成された資質・能力」も併せて考慮していきたい。

また，(1)イでは，「生徒が①内容の基本的な意味を理解できるように配慮し，②現代社会の見方・考え方を働かせ，③日常の社会生活と関連付けながら④具体的事例を通して，政治や経済などに関わる⑤制度や仕組みの意義や働きについて理解を深め，⑥多面的・多角的に考察，⑦構想し，⑧表現できるようにすること[3]」とある。これらをチェックして授業を構想し構成するのもよいだろう。

(4) 授業構成の事例

ここでは，「法に基づく公正な裁判」に関連する「裁判員制度が導入されたことについて」の理解を深めるための活動を紹介したい。

法教育関連の教材事例には，裁判員制度の理解を深めるために，模擬裁判を行ったり，判決を出したりするものがある。本授業では，まずDVD教材[4]を用いて司法の意義や理念，裁判の仕組み等の学習の後，収録されている事件についての判決を考える活動を行った。

この事件は「ひき逃げ」で事実に争いがない設定で，事件の概要は

ビデオ視聴によって全員で共有されている。読み物を使った模擬裁判教材の中には，事件の概要把握に時間がかかるものや各人が認識する事件の状況が異なってしまうものもあるが，ビデオ教材を用いると，全員ほぼ同じ認識で活動を展開することができる。判決を下す根拠となる資料として，道路交通法の第72条・第117条及び刑法第25条の執行猶予についての条文を示した（判例は提示せず）。なお，ひき逃げ事件は参照する条文が少ないことも特色である。

　生徒たちは，活動当初はどのような判決を出すべきか困っていた。それは科される刑罰の意味を判断する材料がなかったからである。次にそれぞれの刑罰のメリット・デメリットを，本人と社会という立場で班ごとに考えさせた。それを全体で共有して他の意見があれば補足した。その後，もう一度量刑を考えると，あちこちで議論が沸き上がり，ひき逃げ事件という事件ひとつとっても判決を出すことが難しいことを実感し，判決を出すという行為（司法の役割）の重みを実感することができた。

　この活動には，多面的・多角的に事象を捉えること（異なる立場，経済・社会復帰・周囲の目という側面），話合いによる言語活動，今後の裁判報道に対する興味・関心，自分が裁

		よい点	よくない点
懲役	本人	1班	2班
	社会	3班	4班
罰金	本人	5班	6班
	社会	7班	8班
執行猶予	本人	9班	10班
	社会	有志	有志

定を下す立場になったときの配慮事項(学んだことを活用する)等が織り込まれている。このような場面を時に入れ込む工夫が,「主体的・対話的で深い学び」の要素を持つ授業につながっていくのである。

【注】
1) 本稿での「　」による引用は,特に出典の記載がない場合は,『中学校学習指導要領解説　社会編』平成29年6月(文部科学省HP掲載)によるものである。
2) 傍点は筆者による。
3) 数字は筆者加筆。
4) 『政治のはたらきと私たちのくらし③法にもとづく公正な裁判』サン・エデュケーショナル,2011年

3　指導内容の捉え方と授業

A　私たちと現代社会

● 1　目指す資質・能力

　Aは公民的分野の導入単元である。項目名は「A　私たちと現代社会」で平成20年版から変更はなく，『解説』では「公民的分野の学習で扱う現代の社会的事象について関心を高め，課題を意欲的に追究する態度を養う」ことが主なねらいとされる。

　平成20年版との違いとして，適切な問いを設け，それらの課題を追究したり解決したりする活動を行うことが明記されたことが挙げられる。特に平成20年版では「気付かせる」とされている内容が「多面的・多角的に考察し，表現すること」の対象とされている。また，(1)では公民的分野の導入単元から多面的・多角的な考察を行うため，『解説』第２章第２節３(2)の「中学校社会科公民的分野の学習の流れ」図（以下，同図）にあるように地理的分野及び歴史的分野で身に付けてきた社会的事象の地理的及び歴史的な見方・考え方を働かせることとなる。したがって，現代日本の特色や現代社会を捉える概念的枠組みの網羅的・羅列的な理解ではなく，影響や意義，役割などについて，「多面的・多角的に考察し，表現すること」ができるための理解を促す学習を行い，今後の学習へと主体的に取り組む姿勢と現代社会の見方・考え方を見いださせることが目指される。

● 2　指導内容の捉え方

　中項目は「(1)　私たちが生きる現代社会と文化の特色」（下線筆者。平成20年版「ア　私たちが生きる現代社会と文化」）及び「(2)　現代社会を捉える枠組み」（下線筆者。平成20年版「イ　現代社会をとらえる見方や考え方」）へと変更された。

　(1)は小学校社会科及び地理的分野，歴史的分野で身に付けてきた見

方・考え方を活用して多面的・多角的に考察し，表現する学習活動を行うことが一層明確にされている。

中項目(2)は平成20年版同様，公民的分野を通して働かせる現代社会の見方・考え方に当たる「対立と合意」「効率と公正」といった概念的な枠組みの基礎を学ぶことになる。各概念枠組みを構成する要素がより詳しく説明されたことに加え，平成20年版では「考えさせる」対象であった「社会生活における物事の決定の仕方」「きまりの役割」（平成20年版「きまりの意義」）に加え，「契約を通した個人と社会との関係」が多面的・多角的に考察し，表現する対象とされた。ここで身に付けた現代社会の見方・考え方はB以降の学習で活用することで「鍛え」ることが可能な対象として捉えられている点も注目される。

Aは技術・家庭科（家庭分野）との「組織的かつ計画的に学習指導を進め」る内容と明示された。年間計画作成では留意したい。

● 3　学習の特色

時数が限られた中で適切な問いを設定し，理解を基に考察し，表現する学習活動を導入単元から行うことが特色である。そのため，「考察し，表現する」学習を行うために身に付けるものが「知識」であると整理され，アで示された。また，地理的・歴史的分野で学んだ見方・考え方を活用し，平成20年版では「理解させる」や「気付かせる」とされていた内容も，視点を明確にして考察し，表現する学習が求められる。その点で学習の構造化を行って授業を計画する必要性がより高まったと言える。

また，歴史的分野のC(2)では，歴史的分野で培った歴史的な見方・考え方を活用して現代的な諸課題について考察し，構想する学習を展開することになる。授業者が歴史と公民で意図の違いを考えるだけでなく，生徒が連続した単元の違いを明確にして主体的に学習に取り組めるよう，生徒の学習履歴や連続性を踏まえながら年間指導計画を立案していくことも重要になるだろう。

(1) 私たちが生きる現代社会と文化の特色

1　目指す資質・能力と指導内容の捉え方

　本項目は公民的分野の導入に当たる。本項目の構成について、『解説』同図には、項目の位置付けとして「現代社会はどう見えるの？」という問いが平成20年版解説と同様に示されている。

　本改訂では『解説』に「適切な問いを設け、それらの課題を追究したり解決したりする活動を通して」とあり、同図に「考察し、表現する」ための視点として「位置や空間的な広がり、推移や変化などに着目」も明記された。現代社会の様々な現象に対する網羅的・羅列的な学習やそれに伴う細かな事象の暗記学習では本項目の目的を達成することはさらに難しくなり、授業実践を行う上で配慮すべき点になる可能性が高いと言えるだろう。この考察の視点は「公民的分野の学習を始めるまでに身に付けている社会的事象の地理的な見方・考え方及び歴史的な見方・考え方を働かせ」ることとされており、地理的分野及び歴史的分野での学びを直接的に活用させることになる。つまり、これまでに学んだ視点を働かせることで公民的分野特有の現代社会の見方・考え方を学んでいない本項目でも現代社会の特色を「多面的・多角的に考察し、その過程や結果を適切に表現」することができる構造となったのである。平成20年版解説でも「地理的分野、歴史的分野などとの関連」を図ることとされているが、直接的に地理的分野及び歴史的分野で学んだことを働かせることが大切である。したがって、本項目では適切な問いの課題追究や解決を行う活動が授業の前提として設定された点、考察する視点として地理的分野及び歴史的分野の学びを用いるとされた点に注目したい。

2　授業構成のポイント

　本項目で授業をつくるに当たっては、現代日本の特色と現代日本における文化の意義や影響、文化の継承と創造の意義についての学習内容をどのように関連付けた問いを設定するかがポイントだろう。『解

説』同図では「現代社会はどう見えるの？」と設定されているが，本項目アの(ア)と(イ)に関連付く問いを設定することで単元の時数を抑えられるためである。次に，本項目で扱う全ての内容を理解してそれを基に考察し，表現することが求められているわけではないことに留意したい。これから学習する各内容について，現代社会の特色や文化の意義や影響を根拠に予測（仮説）を設定し，今後の学習を進めることで，生徒自身が主体的に修正や補足を行う体制をつくることが大切であるだろう。

まず，現代日本の特色は「現代日本の社会にはどのような特色が見られるか」が問いとして示され，内容は平成20年版と同様に少子高齢化，情報化，グローバル化などが挙げられている。「内容の取扱い」では，情報化について「人工知能の急速な進化などによる産業や社会の構造的な変化など」と学習を関連付けることや「災害時における防災情報の発信・活用などの具体的事例を取り上げたりする」が追加された。

また，現代日本における文化の意義や影響，文化の継承と創造の意義は「伝統や文化は私たちの生活にどのような影響を与えているか」が問いとして示され，その内容として社会生活の様々な面において文化の影響が見られることとされ，こちらも平成20年版と同様である。「内容の取扱い」では，「科学，芸術，宗教など」や「我が国の伝統と文化など」を取り扱うこととされる。具体的な内容は，科学，芸術，宗教等の各理解項目の例が示されるが，現代社会の特色と比較すると具体的な事象や項目同士を関連付けることも求めるような表現は見られない。

さらに，思考力，判断力，表現力等を養うために「少子高齢化，情報化，グローバル化などが現在と将来の政治，経済，国際関係に与える影響」や「文化の継承と創造の意義」について「多面的・多角的に考察し，表現すること」とされている。これから学習する政治，経済，

国際関係などとどのように関連するかを生徒が確認できるように授業設計することが大切になるだろう。

　現在と比べ「将来」という表現があると不確定な未来を扱うかのようにも読み取れなくはないが，政治や技術的な面では2030年代くらいまでの見通しが立っているものも少なくない。そうした調査によって得られる情報や現状のまま進むと予測される将来像を考えさせることが大切になる。

　こうした学習を本項目で行うことによって，これからの学習で生徒がこれまでの学習や生活経験から形成している既有知識や誤認識を修正したり，捉え方が変わったりしたときに，将来像が再構成されることにつながるためである。このことは文化の継承と創造についても同様である。

　なお，文化については内容によっては扱う空間軸や時間軸が現代社会の特色に比べて広いため，各学校の所在する地域で適切な問いや教材を設定することが必要になるだろう。問いの追究の過程でこれまでの歴史の中で継承されてきた結果が現状として見られること，現状が精一杯の状態でこのままでは維持が難しく継承されない文化も出てくることにも気付かせることで，今後の政治や経済の学習で残すための具体的な方法を考えられるような視点も大切だろう。

● 3　授業展開例

　配時は 6 時間程度で設定する。ここでは，㋐と㋑を関連付ける概念として「時間」を設定し，具体的な問いとして「みなさんが15年後，30歳になったときに自分の時間を適切に過ごすためにはどのような政策や商品が必要か」と設定した展開例のみを次ページに示すこととする。

第4節 公民的分野の改善と授業構成（公民A(1)）

時	学習内容	留意点等
事前	事前に身近な大人に15年後の社会像についてインタビューする。	ここでの社会像は「日本」「地域」などの位置や「衣食住」「政治」「税金」「娯楽」など具体的な生活に関わる変化などで絞り，次時以降に使える情報にさせる。
1	問いに対する自分の考えをまとめる。 聞き取り情報を共有する。 調査課題を決定する。	全体課題（単元の問い）「みなさんが15年後，30歳になったときに自分の時間を適切に過ごすためにはどのような政策や商品が必要か」。情報量が生徒によって異なるため10分程度等時間を区切る。望ましい自分像と社会像は明示させる。 調査課題は模造紙等を用いて，全体共有しやすくする。 調査課題例（調査の問い）①少子高齢化班「30歳になったときに少子高齢化の問題はどのような影響を与えているか？」／②情報化班「私たちの住む地域で起こりうる災害を予想することはできるか？」／③グローバル化班「第二外国語は何語を学ぶと役立つだろうか？」／④科学班「科学技術によって家事にかかる時間はどのくらい楽になるだろうか？」／⑤芸術班「学校で教える芸術は生徒が決定すべきか？」／⑥宗教班「日本や世界の宗教分布は変わるだろうか？」
2	調査仮説を設定する。 各自の調査課題について仮説を設定し調査開始する。	仮説設定は事前情報の少ない班もあるので，当初仮説から更新されるものであると伝え，時間を区切っておく。 位置や位置や空間的な広がり，推移や変化などの見方・考え方ごとに調査をさせる。
3	中間報告（ジグソー形式），追加調査。	問いごとの班に戻し，中間報告をさせる。不足する点について，もう一度調査班に戻り調査をさせる。
4	調査まとめ，発表準備	調査課題に答えるための根拠として各自の調査結果を再構成させる。全体課題への見解も述べられるようにさせる。
5	発表	各班もち時間4分程度で発表・質疑をさせたのち，全体課題に関する話合いをさせる。
6	発表まとめ 問いに対する自分の考えをまとめる。	前時の様子を踏まえ，大きな誤認識や重要な視点について気付かせるようにする。／そののち，これまでの授業を踏まえて全体課題に対する自分の考えをまとめさせる。

(2) 現代社会を捉える枠組み

●1 目指す資質・能力と指導内容の捉え方

　大項目A中項目「(2) 現代社会を捉える枠組み」とは現代社会を捉え，考察，構想するための概念的な枠組みのことであり，ここではその基礎を学ぶ内容となっている。ここで身に付けた現代社会を捉える枠組みは，社会的事象を捉え，考察，構想するための「視点や方法（考え方）」として，大項目B以降でも活用しながら深めさせていくことを見通しておく必要がある。

　この中項目(2)では資質・能力の「知識及び技能」において，次の二つを目指すことになる。

- 「対立と合意」や「効率と公正」といった現代社会の見方・考え方の基礎となる枠組みを理解すること。
- 社会集団の一員として生活する上での「きまり」や「取り決め」を「契約」という概念で捉えてそれらを守る意義や個人の責任について理解すること。

　また，「思考力，判断力，表現力等」においては，

- 物事の決定の仕方やきまりの役割について多面的・多角的に考察し，表現すること。

を目指すことになる。

　これらの資質・能力の育成を目指す上で，指導内容をどのように捉えていくべきだろうか。

　大項目B以降でも活用しながら理解，考察，構想させ，深めさせていく観点から，具体的な課題解決の方策を追究する活動のために十分時間を確保し，これらの概念的な枠組みの基礎（「対立と合意」や「効率と公正」など）を理解し，多面的・多角的に考察，表現させるように指導していくことが重要である。

●2 授業構成のポイント

　この単元における授業構成のポイントとしては，

> ① 社会の一員として，起こり得る「対立」についてどのように「合意」につなげていく努力がなされているか。
> ② 「合意」がなされる際に，無駄を省いて大きな成果を得る「効率」や，手続きや内容が「公正」であるという概念を理解した上で，それらを用いて「合意」できるように考察されているか。
> ③ 社会集団に属するに当たり，個人が尊重された上で「きまり」がつくられ，「合意」した「きまり」は守る責任が生じることを理解できるか。
> ④ 一度決めた「きまり」でも，不都合が生じたときは集団の同意のもと見直すことができるか。その際に決定のプロセスに「公正」さがあるかを考察した上で表現ができるか。

という流れが考えられる。

そこで，「対立と合意」や「効率と公正」といった現代社会の見方・考え方を基に身近な課題について考察し「きまり」や「取り決め」を決定していく。そのために主体的・対話的で深い学びを進める。

テーマを設定する際に，生徒にとって実感の湧きにくいテーマ（マンションの少ない地域でマンションの総会をテーマにするなど）とすると話合いに参加しづらい生徒が出てくる可能性がある。学校によって生徒の生活環境が大きく異なることから，それぞれの実態に合ったテーマ設定をすることが望ましい。

そこで，例として，「公園での夏祭りへの中学生の手伝い」をテーマにした単元計画（全4時間）を示したい。テーマをこのように設定したのは，生徒にとって身近であり理解しやすいということ，また大項目Aの(1)において「文化の継承と創造の意義について多面的・多角的に考察し，表現」することを学習しており，地域の文化的行事である夏祭りを取り上げることは公民的分野の導入部としての連続性を持

つことができるからである。また，地理的分野の大項目Cの「(4) 地域の在り方」で地域の地理的な課題について考察，構想，表現する学習を行っていることから，地理的分野の学習内容との関連を持つこともできる。

この単元では概念的な枠組みの基礎を学ぶ観点からも，一つのテーマで考察を深めていくことを重視した。

	ねらい
第1時	夏祭りの運営の担い手不足から中学生が部活の活動を休止して，屋台設置の準備や後片付けなどを手伝うことの是非について議論し，合意を目指す。
第2時	第1時で出てきた意見は，「効率・公正」の観点から妥当であるか検証し，よりよい合意に向け議論を深める。
第3時	第2時までで導き出した結論（合意に基づくきまり）について，それらを守る責任が生じることを確認する。それを派生させ契約についても重要性を理解する。
第4時	数年後を想定して，合意したきまりに不具合が生じたり，前提条件が変わった場合（部活所属の生徒の減少など）にきまりを見直し新たな合意を形成する。

● 3　授業展開例

第1時を例に授業の指導案を示す。

展開	学習活動
導入	〈課題の提示〉　夏祭りの運営の担い手不足により継続が難しい。中学生が運営に携わり夏祭りの継続を図りたい。中学生が3日間，部活を休止して運営に携わる。
展開	〈個人活動〉　賛成か反対か，その理由を含めて個人で考察する。 〈班活動〉　個人での考察を踏まえて，賛成と反対を確認し，両方の意見が入るように班を構成して議論し，全員が納得する結論が導かれるよう合意を目指す。 　・賛成意見の例：地域のために手伝うべきだ。 　・反対意見の例：試合の直前に部活休止は困る。 　各班がどのように対立から合意に至ったのか，プロセスについて発表する。また，合意に至らなかった場合も，その理由について考察する。
まとめ	〈個人活動〉　対立についてどのような点で合意につながったのか。合意できなかった場合は，どの点が合意できなかったのかをまとめる。

第2時については，第1時でまとめた合意点，合意できなかった点を「効率・公正」の観点から妥当であるかを検証し，よりよい合意を目指していく。

B 私たちと経済

● 1 目指す資質・能力

　大項目Ｂ「私たちと経済」は，平成20年版からの名称の変更はない。主な変更点としては，経済に関する様々な事象や課題を捉え，考察，構想する際の概念的枠組みとして着目する視点の種類が，新たに加わった点である。すなわち，大項目Ａの「(2) 現代社会を捉える枠組み」においては身に付ける知識であるとともに考察，構想する際に着目する視点でもある対立と合意，効率と公正などに加えて，今回新たに分業と交換，希少性などが加わった。

　これらの視点を中項目「(1) 市場の働きと経済」と中項目「(2) 国民生活と政府の役割」の学習を通じて意識することによって，生徒の見方・考え方を深め，主体的・対話的で深い学びを実現していく手立てとなる。例えば家計，企業，政府それぞれ三つの経済主体が行っている経済活動の本質を理解する際には，「希少性」は必ず必要な視点となるからである。

　つまり，今回の学習指導要領改訂の基本的コンセプトである，何を知っているか（コンテンツ）だけでなく，何ができるか（コンピテンシー）を目指すために，こうした視点を通した学習が重要となってくるのである。

　また，『解説』には「経済に関する内容の学習については，なぜそのような仕組みがあるのか，どのような役割を果たしているのかということを理解できるようにしたり，経済活動が我々の社会生活にあらゆる面で密接な関わりをもっていることを踏まえたりしながら，今日の経済活動に関する諸課題について着目し，主権者として，よりよい社会の構築に向けて，その課題を解決しようとする力を養うことが大切である」とある。平成20年版解説においては，「自ら考えようとする態度を育てることが大切である」という内容にとどまっていたが，今回の改訂によって，「主権者として，よりよい社会の構築に向けて，

その課題を解決しようとする力を養うことが大切である」という内容に変わっている。これは高等学校の学習内容との接続を意識し，主権者としての資質・能力の育成を中学校段階から重視していこうとするものである。

さらに，経済と政治とのつながりを意識して合意形成や社会参画を視野に入れながら，経済に関する諸課題の解決に向けて考察，構想できるようにしたり，さらに，理解した内容や考察，構想した過程や結果を，妥当性や効果，実現可能性などを踏まえて表現できるように指導したりすることもねらいとしている。

つまり，経済の学習において，このような資質・能力を身に付けていくことが，将来，主権者として政策を判断するために重要となり，持続可能な社会を構築していくための学びに向かう力にもつながっていく。

● 2 指導内容の捉え方

今回の改訂では，内容構成として，中項目「(1) 市場の働きと経済」，中項目「(2) 国民生活と政府の役割」ともに，ア「次のような知識を身に付けること」とイ「次のような思考力，判断力，表現力等を身に付けること」としている。ただし，これはアとイの指導内容がそれぞれ分離しているわけではなく，学習過程において行きつ戻りつするものと考えることが肝要である。

特に単元を通して主体的・対話的で深い学びを行う際には，身に付けた知識を使って思考力，判断力，表現力等を身に付ける場面もあれば，思考力，判断力，表現力等を使って知識を定着させたり，深めたりする場面があるからである。

(1) 市場の働きと経済

● 1　目指す資質・能力と指導内容の捉え方（授業づくりの着目点）

　ここでは中項目「(1) 市場の働きと経済」において，「経済活動の意義を理解すること」「個人や企業の経済活動が様々な条件の中での選択を通して行われていること」「人々が求める財やサービスを作り出す生産が，家計によって提供される労働やその他の資源を投入して企業を中心に行われていることについて理解できるようにすること」の指導内容を取り上げた場合の指導内容の捉え方（授業づくりの着目点）を示すこととする。

● 2　授業構成のポイント

　ここでは，いずれもパッケージで授業を構成した展開例を示す。新学習指導要領のねらいでもある「主体的・対話的で深い学び」は，必ずしも1単位時間の中で全てが実現されるものではなく，単元など内容や時間のまとまりの中で，例えば，対話によって自分の考えなどを広げたり深めたりする場面をどこに設定するか，といった視点で授業構成を進めることが求められるからである。このことは，『解説』第3章1「指導計画の作成上の配慮事項」に明記されている。

● 3　授業展開例①「無人島漂着シミュレーション」

【「経済活動の意義を理解すること」についての展開例】

時間	主な学習活動	教師の指導・支援・留意点
1	◇無人島に漂着したという設定で何をするか考える。 ◇無人島と思っていたら，島の反対側に別の漂着民（10人程度）がいたという場面設定で，何をするかを考える。	◇水・食糧・住居・衣服など生活に必要な財は自分で手に入れる以外にないことを理解させる。 ◇共同生活をすることにより，食糧を増やし，生活を安定（豊かに）させることを理解させる。
	◇共同生活を始め，脱出用の筏で脱出を図ったが，文明社会までは辿り着けず，近くの島に辿り着いたという場面設定で，次のような条件の下で何をするかを考える。①島民は100人程度。	◇生徒の意見を引き出しながら授業を進める。 ◇新しい島に住み着いて，さらに食糧を増やし，安定した生活を手に入れる方法以外に，元の島と新しい島との間で，違う財（バナナとパパイア・魚）を交易（貿

	②漁業が行われ、小舟をつくる技術がある。③元の島ではバナナが穫れたが、その島ではパパイアが穫れ、逆は穫れない。④元の島は戻ることができる。	易）したり、技術移転（果物栽培や造船技術）したりして生活が豊かになったり、安定したりすることを理解させる。
2	◇前時の活動を振り返る。 ◇経済活動の意義や市場経済の概念の一部をまとめる。	◇生徒の発言（考え）を活用しながら、経済活動の意義や市場経済の概念の一部を一般化していく。

　上記のような学習課題に取り組むことによって、現代人であっても無人島に漂着してしまえば、水・食糧・住居・衣服といった生活に必要な財を自分で手に入れる以外に方法はないことに気付かせることができる。それによって、経済活動が、人々が求める財やサービスを生産し、これらを消費することで生活を成り立たせている人間の活動であり、経済活動の意義とは、人間の生活の維持・向上にあり、経済とは生活のための手段に他ならないことを実感的に理解させることができる。また、経済は難しいという生徒の意識を変え、学習意欲を高めることにもつながる。また、3回目の場面設定（脱出を図ったが文明社会までは辿り着けず、近くの島に辿り着いた）では、「分業と交換」という視点にも触れることができる。

● 4　授業展開例②「家計のシミュレーションゲーム（＆模擬商談）」
【「個人や企業の経済活動が様々な条件の中での選択を通して行われていること」（「市場経済の基本的考え方」の一部）についての展開例】

時間	主な学習活動	教師の指導・支援・留意点
1	◇家計に関する基本的事項をワークシートを使いながら整理する。	◇所得や消費に関する基礎的事項を押さえ、消費行動の違いや生涯にかかる費用などを考えさせる。
2	◇家計のシミュレーションゲームの準備（家計の設計個人→グループ）を行う。	◇あくまで望むような生活を目指させて、収入を住居費・食費・教育費等に振り分けさせる。
3	◇グループごとにカードを引きながら、5年間シミュレーションゲームを行う。	◇何かにお金をかけたら、何かは諦めなければならないことを模擬体験させていく。

4	◇家計のシミュレーションゲームを振り返る。 ◇ゲームから分かったことや将来に役立てたいことをまとめる。	◇ゲームで模擬体験した内容を振り返り,家計の設計を見直させる。 ◇経済全体の指導計画によっては模擬商談を組み合わせて6～7時間扱いとするとよい。

　この学習展開例では，年収840万円や家族4人という条件（制約）の下において，全てを手に入れることはできない中，住居は新築の一戸建てを選ぶのか，中古のマンションを選ぶのか，賃貸住宅を選ぶのか，食費は贅沢するのか，一般的にするのか，節約するのかといった様々な選択を行う。つまり，あるものをより多く消費するときには，他のものを少なく消費しなければならないことを体験的に学ばせるのである。これは，限られた条件の下において，個々人は価格を考慮しつつ，何をどれだけ消費するか選択するという，「希少性」と選択の重要性を学ぶことであり，「市場経済の基本的な考え方」を具体的な事例を取り上げて理解できるようにした展開例である。

● 5　授業展開例③「企業の企画書と求人広告づくり」

【「人々が求める財やサービスを作り出す生産が…企業を中心に行われていることについて理解できるようにすること」についての展開例】

時間	主な学習活動	教師の指導・支援・留意点
1	◇どのような企業をつくるか案を考える。（個人→グループ）	◇内容A(1)の現代社会の特色とその影響の学習を生かし，将来も想定した企業案を考えさせる。
2～4	◇グループ内を企画書と求人広告をつくるチームに分け，調査しながら作成する。	◇資料として非上場企業の会社情報や実際の求人広告などを準備しておく。 ◇開業資金を考えることを通して，金融の仕組みや役割について考えさせる。 ◇求人広告を通して雇用と労働条件などについても考えさせる。
5	◇企業経営者などの外部講師を招き，ワークショップ形式の意見交換を行う。	◇作成した企画書と求人広告の内容を，講師との意見交換を通じて深めさせる。 ◇ワークショップを通して，企業の社会的責任について，考えさせる。
6	◇ワークショップを受けて，企画書と求人広告を修正する。	◇ワークショップでの意見交換をグループごとに録音しておくと，振り返りに役立てることができる。

この学習展開例では，企画書作成過程を通じて，「人々が求める財やサービスを作り出す生産が…企業を中心に行われていること」について理解できるとともに，求人広告の作成する過程を通じて，「勤労の権利と義務，労働組合の意義及び労働基準法の精神について理解すること」の理解を進めることや，「イ　思考力，判断力，表現力等の育成」の「個人や企業の経済活動における役割と責任について多面的・多角的に考察し，表現すること」，また，「社会生活における職業の意義と役割及び雇用と労働条件の改善について多面的・多角的に考察し，表現すること」について，学習を深めることにもつなげることができる。

(2) 国民の生活と政府の役割

● 1 目指す資質・能力と指導内容の捉え方

① 知識及び概念

新学習指導要領では,生徒が身に付けるべき知識及び概念を次のように示している。

(ア) 社会資本の整備,公害の防止などの環境の保全,少子高齢社会における社会保障の充実・安定化,消費者の保護

(イ) 財政及び租税の意義,国民の納税の義務

(ア)については,「市場の働きに委ねることが難しい諸問題」に当たり,それを「国や地方公共団体」が「市場の働き」に代わって「果たす役割」である。これらの知識・概念を身に付けることが,次の(イ)「財政及び租税の意義,国民の納税の義務」につながってくる。「国や地方公共団体」は,(ア)を「国民の生活と福祉の向上」のために行う。そして,(ア)の政策を実行するために,国民や住民から税を集め,その税を使って政策を実行しているのである。だから,国民や住民は「生活と福祉の向上」のために税を納めているものと考える。これら(ア)(イ)を「財政の三機能」のうち,「資源配分」「所得の再分配」「経済の安定化」と合わせて取り扱う。特に,(ア)と「資源配分」,(イ)と「所得の再分配」「経済の安定化」と関連させて,概念を生徒に理解させたい。

今回の改訂では,(ア)(イ)に挙げた知識・概念を生徒に身に付けさせることが必要なのは当然である。しかし,新学習指導要領の趣旨である「資質・能力の育成」をするためには,これらの知識・概念を身に付けるだけでなく,活用していくことが重要になってくる。以下の②はこの知識・概念の習得と活用に大きな関係がある。

② 思考力,判断力,表現力等

これらの育成に関して,ポイントとなる言葉や文章がいくつかある。

まず第一に,「課題を追究したり解決したりする活動」という,生徒が行う学習形態が示されている。この学習活動を行う上で大変重要に

なってくるのが「課題」である。この中項目における「課題」のヒントになる文章が「財政の現状や少子高齢社会など現代社会の特色を踏まえて」という部分である。「財政の現状」について、『解説』では、「財政支出に対する要望は広範多岐にわたり、そのための財源の確保が必要である」と述べている。これは、①(ア)で挙げた知識・概念と関係があり、特に社会保障については、「少子高齢社会などの現代社会の特色を踏まえて」という記述につながる。以上を踏まえて、この中項目における「課題」を作るとしたら、例えば「少子高齢社会における、よりよい税負担と税の使い道を考えよう」という問いができるだろう。この問いから、国民や住民が税を負担する額や税の納め方、そして集めた税を何に、どれだけ使うのかということを生徒が考察していく過程が予想される。その際に重要となるのが、上記(ア)(イ)で挙げた知識・概念の活用である。生徒がこの問いに対して思考するときに、税の仕組みや使い道について知らなければ、学習が成り立たない。この問いを追究していくときに、単元の最初で身に付けた知識を使いながら、問いに対する自分の考えを深めていく。考えを深めていく過程の中で、身に付けた知識を再度調べたり、確かめたりすることで身に付けた知識の理解につながる。このような学習活動を実践していくことが、今回の学習指導要領の「主体的・対話的で深い学び」につながるものと考えられる。

第二に、生徒が問いに対して思考するためには根拠が必要である。その根拠となるのが、「対立と合意」「効率と公正」「分業と交換」「希少性」の概念である。例えば、「希少性」という概念を根拠とするなら、「国や地方公共団体の財源は無限にあるわけではな」いため、その限られた資源、ここでは国民から集めた税を、「国民の生活と福祉の向上」のために分配する方法を生徒が考える学習が想定される。そして、先に挙げた問いの例を追究するのであれば、「少子高齢社会」という現代社会の特色を踏まえる必要がある。

第三に、国民から集めた税の配分、税を何に使うのかを考えるとき、「多

面的・多角的に考察，構想する」ことを考えなければならない。年齢や職業などの立場により，国に対するニーズが変わってくる。様々な立場から税の使い道を考えなければならない。そして「国民の生活と福祉の向上」，言い換えるなら，国民みんなが幸せになるために「公正」という概念を使って，みんなが納得できるような税の使い道を考える授業が考えられる。

● 2　授業構成のポイント

　この中項目における授業は，教師や生徒が考えた「問い」が重要である。「問い」を考えるときに，生徒に当事者意識を持たせるために，「パネルディスカッション」や「ディベート」などの学習形態が有効である。「パネルディスカッション」は，例えば，大学を卒業したばかりの会社員，年金をもらう夫婦など生徒に役割と設定を与え，その役になりきって「問い」について考えることが大切である。また，「ディベート」は「問い」に対する賛否を問うので，自分の主張以外に，相手に反論するために相手の主張を考えるなどすることで，一つの「問い」に対して「多面的・多角的な考察」が可能になると考えられる。そして，当事者意識を持たせることで，将来の主権者として税負担の方法，税の使途を自分事として考えられるようになると思われる。

　また，新学習指導要領が求める授業を構成するためには，生徒が「問い」に対して自分の考えを追究するときに，考えた理由を述べさせることが大切である。「社会科は事実に基づいた根拠をもって考えを述べることが重要である。そして，根拠となる事実を数ある資料から読み取り，自分の考えの基礎としていくことが大切である」[1]。このような授業を展開する場合には，教師は，どの立場でも通用する資料，ある立場にだけ有利な資料など，立場に応じた資料を複数用意したい。図やグラフ，文章などを分析しながら，自分の考えとその理由を作っていく過程が重要である。

● 3　授業展開例

「国民生活の生活と福祉の向上」単元計画

　　平成27年度東京都中学校社会科研究会公民専門委員会で作成したものを基に単元計画を設定。

① 単元のねらい

国民全員が幸せで豊かになるために，望ましい政府の収入・支出の在り方を多面的・多角的に考え，分かりやすく表現することができる。

【思考・判断・表現】

② 単元の指導計画

時	学習内容○　学習活動★	指導上の留意点	評価等
1	○政府の経済活動【講義】 ★国や地方自治体の経済活動について，以下の知識を身に付ける。 　政府の収入（税の種類）・支出の内容，累進課税制度，直接税，間接税，国債など。	・税の種類は，生徒の身近な消費税等を例に挙げる。また，政府の支出については，財政の三機能（所得の再分配，景気の安定，資源配分）を踏まえて身に付けさせる。	・望ましい政府の支出・収入の在り方を考えることに必要な知識を身に付けている。【知識・理解】
2～4	○よりよい財政について，立場に立った主張を考えよう ★国民全員が幸せで豊かになるために，望ましい政府の収入・支出について，立場に立って主張する。 (1)所得税増税　(2)法人税減税 (3)消費税増税　(4)国債費削減 (5)地方交付税の増額 (6)社会保障費の増額 ★各立場の主張を根拠づける資料を探す。 ★各立場の主張・根拠をA4判1枚の用紙にまとめる。また，自分たちの主張の他，予想される反論を考え，解答を準備する。	・(1)～(6)の立場は，以下の視点で主張を考えさせる。 (1)累進課税制度に着目させ，税収増加の方策を考えさせる。 (2)日本に企業を留まらせ，税収を増やす。 (3)直間比率，他国の税制との比較から考えさせる。 (4)収支のバランスから，望ましい財政を考えさせる。 (5)地方再生を視点とした望ましい財政を考えさせる。 (6)少子高齢化の視点から望ましい財政を考えさせる。 ・教師側が，必要に応じて主張に必要な資料を用意しておく。	・よりよい財政について，関心を持ち，追究しようとしている。【関心・意欲・態度】 ・よりよい財政のために，自分たちの立場の主張を根拠付ける資料を読み取ることができる。【資料活用の技能】
5～6	○よりよい財政について，立場に立って発表しよう ★自分たちの立場から，よりよい財政にするための主張を発表する。立場間の質疑・応答を行う。 ○よりよい財政を考えよう ★よりよい財政について，自分の考えをレポートにまとめる。	・パネルディスカッション形式の討論を行う。立場の主張が一通り終わった後，立場間の質疑・応答を行う。その際，「国民全員が幸せで豊かな生活を送るため」を留意させる。 ・1時間目で学習した知識を再度確認し，学習したことを基に自分の考えを書かせる。	・国民全員が幸せで豊かになるために，望ましい政府の収入，支出について，多面的・多角的に考え，分かりやすく表現している。【思考・判断・表現】

【注】

1）橋本康弘「新学習指導要領の考え方・教え方」，篠原総一「エコノミストと授業を作る〈歴史から考える経済政策〉」（先生のための「夏休み経済教室」in 名古屋—授業に役立つ経済学—／2017年8月21日，以下「夏休み経済教室」）の講義から示唆を得た。また学習形態については，三枝利多「新学習指導要領に基づいた授業提案」（夏休み経済教室）から同じく示唆を得た。

C 私たちと政治

1 目指す資質・能力

① 政治と自分のつながりを，これからの自分の生活やよりよい社会と世界の姿を描きながら「学んでいこうとする生徒」

18歳選挙権が実現した現在，本単元を学習する生徒たちは，3～4年後に自立・自律した主権者として選挙で一票を投じる権利を手にする。政治に関する学習を「他人事」ではなく，自分の将来に関わる課題として生徒一人一人が「リアル」に受け止めることができるような「学びに向かう力」を育成することを目指す。

② 政治に関する基礎的・基本的知識が，自分の今の生活とどのように関わっているかという視点から「探究的に習得していこうとする生徒」

政治の学習における基礎的・基本的な知識の習得過程では，教師が網羅的・概括的に説明・解説することを中心とする学習の進め方ではなく，生徒の身近に見られる課題や時事的問題から，個人の尊重・基本的人権や民主主義という概念的枠組みを構成する個別的知識へと，一人一人の生徒が自分の興味・関心に基づいてアプローチしていく力を育成することを目指すことが主権者育成にとって不可欠である。

③ 政治について理解したことを，他者とのコミュニケーション活動を通して，「表現・発信していこうとする生徒」

政治の学習に関する見方・考え方としては，教科書記述を尊重しつつ，それが必ずしも「唯一の正解」ではなく，「最適解」や「納得解」であるかもしれないという文脈の多様性に目を向けていくことができる姿勢を重視したい。同時に，多様な表現活動により，教室内でのコミュニケーション活動の活性化を図るとともに現実社会に向けて中学生による提言作成や意見発信の機会という社会参画の回路を設け，「リアルな学び」の在り方を意識する力を育成することを目指す。

● 2　指導内容の捉え方
①　社会科における分野間連携を意識し明確にした指導内容の構成
　「人間の尊重と日本国憲法の基本的原則」は，私たちが生きる日本という「国のかたち」を学習することに他ならない。同時に，歴史的分野の学習においても取り扱う欧米の近代市民社会の成立という「世界史」的流れや自由民権運動と大日本帝国憲法の制定・国会の開設という明治日本の立憲国家建設の延長線上に位置付くもので，グローバルな視点と日本の近代の歩みを複眼的に捉えていく指導内容である。

②　時事的問題や地域の課題の教材化を試みる指導内容の構成
　国の三権を構成する国会，内閣，裁判所を身近に意識できる生徒は現実には多くない。政治の学習に関する内容に関して，今，どのようなことが起きているのかということを政治的中立・公正という点に十分に配慮して，生徒が多様な視点から情報にアクセスしていくことができるように新聞記事やニュース映像を学習に取り入れていきたい。
　また，政治参加，地方自治の学習では，生徒が，次世代の地域の担い手となるという視点を意識し，広い視野から地域の持続可能な発展を創造することをねらいとした地域の課題に気付くことができる教材を取り上げ，自立・自律した主権者・生活者の育成を目指したい。

● 3　学習の特色
　生徒の政治的意識を高めていくために，身近な人々に対するインタビュー，公共機関が作成したパンフレット収集，新聞記事の切り抜き，学校図書館を活用した調査活動を取り入れたい。調査活動を通して生徒自身が発見したことや考えたことをパンフレットやポスターに表現し，対話型鑑賞やプレゼンテーション活動を取り入れ，生徒が相互に意見を交換し，コミュニケーションを深めていく学習を試みる。

(1) 人間の尊重と日本国憲法の基本的原則

●1 目指す資質・能力と指導内容の捉え方

① 学習者一人一人の生活や「グローバル化」の加速的進展の中でこれからの日本が進んでいく道を，施行から70年を迎えた日本国憲法との関連を意識して，人間尊重の精神・国民主権・平和主義に立脚する日本国憲法の特色と課題を，「自分事」と意識できることを目指す。

② 日本国憲法が現代的課題の解決に向けての指針となっていることを理解するために，歴史的分野の学習との関連を明確にした指導内容とすることにより，日本国憲法が，近代の世界や日本の歴史の流れの中で育まれてきた基本的人権の尊重や立憲主義の考え方を柱としていることに気付くことを目指す。

③ 日本国憲法に対して，「護憲」「改憲」「加憲」等様々な立場から提起される見方や考え方に関心を持ち，それぞれの立場に対する自分の考えを短文でまとめたり，ポスターで表現したりして，生徒相互でのプレゼンテーションに取り組むことを通して，日本国憲法のこれからに焦点を当てた提言をまとめ，18歳で主権者となる意識と学習技能を形成することを目指す。

④ 人間の尊重と日本国憲法の原則について，基礎的・基本的理解を図る学習では，憲法の条文に則した網羅的で，教師による説明・解説を中心とする学習に陥らないように留意し，生徒一人一人が最も関心を持った「問題」を自分で選択，決定する力を育成することを目指す。

●2 授業構成のポイント

学校生活の主役として，一人一人のよさ・個性・特色を尊重されることを強く願いながらも，中学生をめぐる現状は，学校を主たる場面とする深刻な人権侵害である「いじめ」問題が連日のように社会問題として報じられている。これからの日本や世界の在り方を真正面から受け止める社会科公民的分野の授業では，少数者（マイノリティ）や

「弱い」立場の人々の存在に目を向け，自分とは異なる多様な他者に対する「無関心」「不寛容」「排除」が生み出す問題から人間尊重の在り方を多面的・多角的に捉えていくことを大切にしていきたい。

日本国憲法の基本原則の授業を構成していくに当たって，平成29（2017）年の憲法記念日の「毎日新聞」において東京工業大学准教授・西田亮介氏が，若者の中で，「憲法とは何かという理解が広がっているとは言い難い。だからといって若者が憲法と接点を持とうとしても簡単ではない」という指摘をしていることを重く受け止めたい。これに先立つ４月刊行の岩波書店編集部編『私にとっての憲法』では，53人の作家・ジャーナリスト・俳優が，研究者と共にそれぞれの視点から「憲法との関わり」を語っている。公民的分野の学習においてもたとえ論理や議論に未熟な点があるとしても，中学生一人一人が自分の興味・関心に基づいて授業の中で語り合う場面を設定することが西田氏の指摘における憲法との「小さな接点」となるのではないかと考える。

人間の尊重と日本国憲法の原則についての理解を深める学習において，生徒が相互に異なる見方や考え方に対して共感的に理解することを重視するとともに，互いの意見を構成する論理に注目して，「対立」を避けることなく「クリティカル・シンキング」を体験できるような討論活動を働きかける役割が教師には求められる。

新学習指導要領では，「主体的・対話的で深い学び」を学習単元の構想と授業構成の軸としている。現行の学習指導要領における言語活動の充実で目指してきた資料の読解や話合い活動を基盤として，「忙しい」学校生活を送る中学生が自分の持ち味を発揮し，表現できる適切なパフォーマンス課題の設定と学習評価の在り方の工夫と改善が求められる。このような指導方法と評価の改善と同時に，中学生の学習実態に即した人間の尊重と日本国憲法の原則の「切実」で「リアル」な学習内容をどのように構成し，提示していくかということを軽視してはならないだろう。

多様なメディアや情報に接している中学生を想定し，新聞の活用，ニュース，ドキュメンタリー，映画という動画を積極的に活用していくことを試みた。また，司書教諭との連携を図り，「学校図書館」を授業の場として人間の尊重と日本国憲法に関する「問題発見」をねらいとする学習の設定を試みた。

こうしたIN PUTに力点を置いた学習とともに，日本国憲法に関して生徒が興味・関心を持った問題を，美術科におけるポスター作成経験を生かし，文字や言葉に頼る傾向が強い社会科学習においても「アート」的な表現を取り入れ，少人数グループで自分の「提言」のプレゼンテーションに取り組むOUT PUT型のパフォーマンス課題を設定した。

【「人間の尊重と日本国憲法の基本的原則」の指導計画】

第1時	「人間の尊重と日本国憲法の基本的原則」で私がキーワードと考える言葉を日本国憲法から見つけ，「憲法と私たちのつながり」を小グループでブレーンストーミングし，ホワイトボードにコンセプトマップで示そう。
第2時	日本の平和と安全を守ってきた憲法第9条の在り方を緊張を増しつつある東アジアの情勢を中心として考えてみよう。
第3時	歴史的分野の教科書・資料集を活用して自由権・平等権が保障されていなかった具体的事例を見つけ，基本的人権が尊重されるまでの歩みと意味を話し合おう。
第4時	国民主権と象徴天皇制の意味を生前退位と皇位継承の在り方に焦点を当てて私たち一人一人の思いを新聞投書を通じて表明してみよう。
第5時	〈パフォーマンス課題オリエンテーション〉学校図書館を活用して，「憲法ポスター」作成に向けてのテーマを考え始めていこう。
第6時	日本における男女平等の実現度合いを国際比較調査及び夫婦の姓と仕事・役割から考えよう。
第7時	映画『あん』を視聴し，ハンセン病患者であった人々の思いと生き方を見つめてみよう。

● 3　授業展開例

(指導計画の第8時:「憲法ポスタープレゼンテーション」に取り組もう！)

① 本時のねらい

i 作成した「憲法ポスター」の内容について，対話的・論理的にプレゼンテーションすることができる。

ii 「憲法ポスター」のプレゼンテーション活動を通して，日本国憲法の原則と自分の生活との結び付きに対する関心と理解を深めることができる。

学習内容	主な学習活動と予想される生徒の反応	指導上の留意点
〈導入〉5分 公民学習に関する新聞への意見発信	T：「女性による皇位継承」「豊かさや幸せを考える公民学習」（6月14日・本校3年生の投書／東京新聞掲載）を配布	・賛成・いいねと思う部分に赤線、疑問や反論がある部分に青線を引く。
〈展開〉35分	T：作成された「憲法ポスター」を黒板に提示し、日本国憲法のどの条文を取り上げたものかを予想する。 S：平和主義を支える9条に関するポスターが多く見られる。 S：教育を受ける権利と義務教育を取り上げたものが分かりやすい。 S：表現の自由を学問・報道・信教を切り絵にして表したものが凄い。 S：天秤は平等の象徴かな。	・「憲法ポスター」に該当する条文を教科書で確認する。 ・「憲法ポスター」のデザインにも注目するように働きかける。
	Sが「憲法ポスター」で取り上げた題材「銃ではなくペンを ノーベル平和賞最年少受賞者マララ・ユスフザイ」「司法は大切な制度です！」「お笑い芸人から考える表現の自由」「私たちは平和のために何ができるのか？」「知っていますか？天皇のお仕事を」「憲法を作り直してみよう」「選挙権を捨てないようにしよう！」 ※プレゼンテーションに参考文献を提示し紹介する。	・4人で一つのグループとする。 ・司会・記録・報告・質問の役割分担をする。 ・プレゼンテーションは1人4分、質疑応答は3分で進行する。 ・プレゼンテーション内容をホワイトボードを使い視覚化する。
	「憲法ポスター」生徒作品例 「Do you know 日本国憲法前文？」	
〈まとめ〉10分	T：「幸福」「豊かさ」という概念を用いて、プレゼンテーション内容をグループで整理してみましょう。	・「憲法ポスター」を作成して、気付いたことや発見したことをまとめる。

② 本時の評価規準

社会的事象に対する学びの姿勢とコミュニケーション	批判的思考力（critical thinking）・思考力・判断力	調査（research）・資料活用の技能	社会的事象についての知識・理解
日本国憲法に対する自分の興味関心に基づき、「憲法ポスター」を作成し、プレゼンテーションをすることができる。	「憲法ポスター」作成で取り上げた問題に対して自分の考えを論理的にまとめることができる。	「憲法ポスター」の作成に向けて自分のテーマに必要な資料を学校図書館を活用して収集することができる。	「憲法ポスター」作成で取り上げた条文に関する基礎的知識を理解している。

(2) 民主政治と政治参加

● 1 目指す資質・能力と指導内容の捉え方

　公民的分野における大項目Ｃ「私たちの政治」の中項目「(2) 民主政治と政治参加」には，「対立と合意，効率と公正，個人の尊重と法の支配，民主主義などに着目して，課題を追究したり解決したりする活動を通して，次の事項を身に付けることができるよう指導する」とある。

　まずは，見方・考え方として，ここでは「対立と合意」「効率と公正」「個人の尊重と法の支配」「民主主義」などを意識しなければならない。現行の学習指導要領と比較すると「個人の尊重と法の支配」「民主主義」など，という文言が新たに加わっている。また，「対立と合意」「効率と公正」は今までどおりだが，大項目Ａ「私たちと現代社会」の中項目「(2) 現代社会を捉える枠組み」で身に付けた現代社会を捉える概念的枠組みをここでも活用して，生徒に社会的事象を考えさせる必要がある。

　ここで示されている資質・能力は，知識が(ア)～(エ)と四つあり，国会を中心とする我が国の民主政治の仕組みやあらまし，政党の役割，議会制民主主義の意義，多数決の原理とその運用の在り方，国民の権利を守り，社会の秩序を維持するために，法に基づく公正な裁判の保障があること，地方自治の基本的な考え方，地方公共団体の政治の仕組み，住民の権利や義務を理解させる指導が求められている。また，思考力，判断力，表現力等では，地方自治や我が国の民主政治の発展に寄与しようとする自覚や住民としての自治意識の基礎を育成することに向けて，民主政治の推進と，公正な世論の形成や選挙など国民の政治参加との関連について多面的・多角的に考察，構想し，表現することとある。

　ここの中項目では，対立と合意，効率と公正はもちろんだが，新たに加わった個人の尊重や法の支配，民主主義などの見方・考え方を通して，国会や内閣，裁判所，地方自治といった内容を理解させ，民主

政治の推進と公正な世論形成や選挙などの国民の政治参加との関連について多面的・多角的に考察・構想・表現させ，地方自治や国の民主政治の発展に寄与しようとする，まさに「社会参画」の意識を育成させることが求められている。

● 2　授業構成のポイント

「第3　指導計画の作成と内容の取扱い」では，次のように示されている。

> 1　指導計画の作成に当たっては，次の事項に配慮するものとする。
> (1)　単元などの内容や時間のまとまりを見通して，その中で育む資質・能力の育成に向けて，生徒の主体的・対話的で深い学びの実現を図るようにすること。

現行の学習指導要領では見られなかった，単元などの内容や時間のまとまりを見通してという文言がある。

また，公民的分野の「内容の取扱い」にも「法に基づく公正な裁判の保障」に関連させ裁判員制度についても触れることとある。この裁判員制度も我が国の民主政治の発展に寄与しようとする自覚，すなわち「社会参画」の意識を育成するには大切な内容である。

そして，『解説』には「個人の尊重と法の支配，民主主義など，法に基づく民主政治の基本となる考え方に関する理解を基に，民主政治の推進と，公正な世論の形成や選挙など国民の政治参加との関連について考察，構想し，表現することができる適切な問い，例えば議会制民主主義が取り入れられているのはなぜか（なぜ議会を通して政治が行われるのか），民主政治をよりよく運営していくためにはどのようなことが必要か，自治とは何か，といった問いを設け，それらの課題を追究したり解決したりする活動を通して，地方自治や我が国の民主政治の発展に寄与しようとする自覚や住民としての自治意識の基礎を

育成することを主なねらいとしている」とある。

　以上のことから，ここでの中項目では，単元などのまとまりを意識して，その単元を貫くような学習課題を設定し（その際，法に基づく公正な裁判の保障では裁判員制度にも触れ），課題を追究したり解決したりすることで，中項目の資質・能力が身に付くような指導計画を意識しなくてはならない。しかし，単元を貫くような学習課題の設定が難しくても，最後には地方自治や我が国の民主政治の発展に寄与しようとする自覚や住民としての自治意識の育成がねらえる課題であれば，個別の学習課題でも目的は達成できると考える。例えば，裁判員制度の意義を追究していっても，個人の尊重と法の支配，民主主義など，法に基づく民主政治の基本となる考え方などにも触れるし，我が国の民主政治の発展に寄与しようとする自覚や住民としての自治意識の育成をすることにもつながる。

　また，新学習指導要領では考察だけにとどまらず，「構想」という文言が入ってきた。「構想」は，「考察，構想し」と用いられており，考察の後にあることを考えると，従来の授業での考察よりもさらに深化させたように捉えることができる。つまり，考えるだけではなく，新たなことを提案したり，生み出したりするようなことが求められている。学習課題を設定するときには，ここまで見通すことが必要となってくる。

　ここでの中項目は，政治的な学習内容で言葉自体が難しいこともあり，生徒たちが学習につまずきやすく，ただ覚えればいいというような授業になりがちである。そのためにも授業者が生徒に分かりやすく言葉を言い直す必要がある。単元内容としてはニュースや新聞，インターネットなどが取り上げられることが多くあり，生徒にとっては身近に感じる要素は持っている。その部分をうまく扱いながら，単元を構成し，授業を展開していくことが求められている。

3 授業展開例

【単元名】 多数決の原理とその運用の在り方

時間	学習内容	指導上の留意点	評価
導入5分	・2020年東京オリンピックが決まった投票の映像を見る。	・1回目東京が一番票を取り，2回目で東京とイスタンブールの決選投票の結果，東京オリンピックが決まったことを理解させる。	・関心・意欲・態度
展開30分	学習課題 **なぜ1回目の投票で決めなかったのか？** ・学習課題に対して，仮説を立てる。 ・近くの生徒と話し合い，自分の考えを深める。 ・教科書や資料集を活用し，学習課題の解決を図る。 ・1回目の投票では過半数に達していなかったため，決選投票が行われたことを理解する。	・数名の生徒に考えた仮説の内容を発表してもらう。 ・1回目の投票は，イスタンブールとマドリードを合わせると東京の票を超えているので，ここから過半数の票の必要性を理解させる。	・思考・判断・表現
まとめ10分	・多数決のメリットとデメリットを考える。 ・多数決を行う際は，少数意見の尊重が重要なことを理解する。	・考え方として，「効率と公正」の視点を意識させる。 ・議会制民主主義では意思決定の場において，多くの場合多数決が採用されていることを補足する。	・思考・判断・表現 ・知識・理解

D 私たちと国際社会の諸課題

1 目指す資質・能力

① 知識及び技能

　i　世界平和の実現と人類福祉の増大のためには，国際協調の観点から，国家間の相互の主権の尊重と協力，各国民の相互理解と協力及び国際連合をはじめとする国際機構などの役割が大切であることを理解する。その際，領土・領海・領空，国家主権，国際連合の働きなど基本的な事項について理解する。

　ii　地球環境，資源・エネルギー，貧困などの課題の解決のために経済的，技術的な協力などが大切であることを理解する。

② 思考力，判断力，表現力等

　i　日本国憲法の平和主義を基に，我が国の安全と防衛，国際貢献を含む国際社会における我が国の役割について多面的・多角的に考察，構想し，表現する。

　ii　私たちがよりよい社会を築いていくために解決すべき課題を多面的・多角的に考察，構想し，自分の考えを説明，論述する。

③ 学びに向かう力，人間性等

　i　国旗及び国歌の意義並びにそれらを相互に尊重することが国際的な儀礼であることの理解を通して，それらを尊重する態度を養う。

　ii　核兵器などの脅威に触れ，戦争を防止し，世界平和を確立するための熱意と協力の態度を育成する。

　iii　よりよい社会を目指して，身近な地域や我が国の取組との関連性に着目し，世界的な視野と地域的な視点に立って探究する。

2 指導内容の捉え方

① 国際社会において国家が互いに尊重し協力し合うために大切なものは何か，世界平和と人類の福祉の増大のために，世界の国々ではどのような協力が行われているのか，我が国はどのような協力を

行っているのか，地球上にはどのような問題が存在し，その解決に向けて国際社会はどのような取組を行っているのか，今後どのようなことができるか，といった現実の国際社会などに関する理解を基に考察，構想し表現することができる適切な問いを設け，それらの課題を追究したり解決したりする活動を通して，世界の平和と人類の福祉のために熱意と協力の態度を育成する。

② 私たちがよりよい社会を築いていくためにはどうしたらよいのかについて，持続可能な社会を形成するという観点から，課題を設けて探究し，自分の考えを説明，論述し，これから社会参画をしていくための手掛かりを得る。

● 3　学習の特色

① 国際社会に関する様々な事象や課題を捉え，考察，構想する際の概念的な枠組みとして対立と合意，効率と公正，協調，持続可能性などに着目したり関連付けたりして，国際社会に関する様々な事象などを理解できるようにしたり，合意形成や社会参画を視野に入れながら，国際社会に関する課題の解決へ向けて多面的・多角的に考察，構想できるようにする。さらに，理解した内容や考察，構想した過程や結果について，その妥当性や効果，実現可能性などを踏まえて表現できるようにする。

② 社会科のまとめとして位置付けられているため，社会科の学習全体を通して習得した「知識及び技能」を活用するとともに，社会的事象の地理的・歴史的・現代社会の見方・考え方などからなる社会的な見方・考え方を働かせ，課題の解決に向けて探究し，自分の考えを説明，論述できるようにする。

(1) 世界平和と人類の福祉の増大

● 1 指導内容の捉え方

① 国旗及び国歌の意義並びにそれらを相互に尊重することが国際的な儀礼であることの理解を通して、それらを尊重する態度を養う。

② 我が国が、固有の領土である竹島や北方領土に関し残されている問題の平和的な手段による解決に向けて努力していることや、尖閣諸島をめぐり解決すべき領有権の問題は存在していないことなどを取り上げる。

③ 国際連合における持続可能な開発のための取組について触れる。

④ 核兵器などの脅威に触れ、戦争を防止し、世界平和を確立するための熱意と協力の態度を育成する。

⑤ 国際社会における文化や宗教の多様性について取り上げる。

● 2 授業構成のポイント

キーワードに、主権、固有の領土、国旗・国歌、国際連合、持続可能な開発、資源・エネルギー、文化や宗教の多様性、地域紛争、世界平和の確立等を置き、15時間の授業構成で指導計画を作成した。

【指導計画】

① 国際社会を構成する国家
② 領土をめぐる問題
③ 国旗・国歌と国際法
④ 国際連合の仕組みと働き
⑤ 世界の地域機構
⑥ グローバル化と経済格差
⑦ 地球規模の環境問題
⑧ 資源・エネルギー問題
⑨ これからの日本のエネルギー政策
⑩ 国際社会が抱える課題……A
⑪ 現代世界の政治と文化・宗教

⑫　今なお解決しない地域紛争……B
⑬　我が国の安全と防衛
⑭　国際社会における日本の役割
⑮　持続可能な開発目標（SDGs）

● 3　授業展開例

　「誰一人取り残さない」との理念の下，自然環境や資源の有限性，貧困，イノベーションなどに関わる17のゴール（目標）・169のターゲットからなる持続可能な開発目標（SDGs）を設定し，持続可能な開発のための取組を各国の国家主権を前提に進めている国際連合をはじめとする国際機構の役割が大切になってきている現状を理解できるようにするために，以下の二つの授業事例を紹介する。

【A．国際社会が抱える課題】

〈Essential Question〉

　発展途上国において，貧困等で苦しむ人々をなくすためには，国際社会は，どのような取組をしていけばよいのだろう。

	学習内容	教師の発問Qと指示・説明◆と予想される生徒の反応△
導入 10分	世界の貧困問題	Q.「貧困」といったら，どのようなことを思い浮かべますか…… △食料不足・餓死・アフリカ…… Q.「SDGs」というコトバを知っていますか…… ◆SDGsはSustainable Development Goalsの略で，地球環境と人々の暮らしを持続的なものとするため，すべての国連加盟国が2030年までに取り組む17分野の目標。極度の貧困と飢えをなくすといった従来の開発目標に加え，ジェンダーの平等や良好な雇用環境づくり，生産と消費の見直し，海や森の資源保護，安全なまちづくりなど，先進国が直面する課題も入っています。今日は「目標3：あらゆる年齢のすべての人々の健康的な生活を確保し福祉を推進する」を取り上げます。
	エボラ出血熱	◆今日は2014年西アフリカ諸国を襲った「エボラ出血熱」について学習します。 ・感染症について…… ・エボラ出血熱とは，どのような病気か……

第4節　公民的分野の改善と授業構成（公民D(1)）

展開35分	資料から読み取る	Q．エボラ出血熱による感染者および死亡者数の表から読み取れることを答えてください。

国　名	感染者数	死亡者数	医療従事者の感染	医療従事者の死亡数
シエラレオネ	9780	2943	296	221
リベリア	8157	3496	370	178
ギニア	2775	1781	154	89
ナイジェリア	20	8	8	0
マリ	8	6	6	0

＊ユニセフ2015/01/14　第54報を改変

個人への問い	△感染してしまうと死亡してしまう確率が高い病気 △ギニアでは，感染者の6割以上の人が死んでいる △医療従事者の感染者に対する死亡率が非常に高い。患者さんを助けようと思って自分も死んでしまう

「エボラ出血熱による感染者および死亡者数」の表を見ると，シエラレオネでは，感染した医療従事者（医師・看護師）296名のうち221名が死亡しています。その死亡率は74.7％（4人に3人）に達しています。このような状況から，シエラレオネの医療従事者が次のように語ったといいます。「私は死にたくない。家族を養わなければならず，この患者のせいで死ぬかもしれない。絶対に治療しません」と。

　さぁ，あなたは，この医療従事者に対して，どのような声をかけますか？

グループ学習	△治療を拒否する気持ちが分かるような気がする △ええ，でも…それだったら世界中に広がってしまう △誰か頑張ってくれないかなぁ ◆4人グループで，次のように役割分担してください。 　A：医師　B：看護師　C：患者　D：患者の家族

【第1段階】それぞれの立場に立って，意見を述べてください。
【第2段階】あなたがシエラレオネの医療従事者であったとして，このエボラ出血熱のように自分自身の生命さえも失いかねない任務と向き合ったとき，あなたはどうしますか……。
役割を離れて自分事として考えてください。あなたならどうしますか？

国境なき医師団	△とっても難しい問題だ △患者を見捨てたら医師の資格はないのでは…… △資格……医師は死をも覚悟しなければならないの…… △自分は自分の命を守るため，任務をまっとうしない。そして，安全な国に戻り医師をやめる ◆国境なき医師団（Médecins Sans Frontières＝MSF）は，中立・独立・公平な立場で医療・人道援助活動を行

まとめ 5分	当事者意識	う民間・非営利の国際団体であり，1999年にノーベル平和賞を受賞していることを確認する。 Q．今日の学習で学んだことは何だろう…… △医者は患者を助けるのがあたりまえと考えていたけど，このような極限の状況に追いつめられると…… △他人事であれば，医者は助けるのが当然でしょと簡単に言えるけれど，自分の事となると…… ◆国際問題を考えるときは，「あるべき論」を語って済ませるのではなく，当事者意識を持って考えることが大切だと思う。国境なき医師団のホームページには「そして今もなお，総力を結集し，エボラとエボラがもたらす脅威と闘っています」とあります。

【B．今なお解決しない地域紛争】

〈Essential Question〉

　なぜ，地域紛争は続くのでしょうか。

　紛争解決のために何ができるのでしょうか。

	学習内容	教師の発問Qと指示・説明◆と予想される生徒の反応△
導入 5分	9.11同時多発テロ	Q．21世紀初頭，2001年の「同時多発テロ」を知っていますか △ニューヨークのビルに飛行機が突っ込んだ事件 Q．あの事件の背景にある問題として，どのようなことがあるか知っていますか △イスラム教徒のテロ ◆あの事件の根源ともなっている「パレスチナ問題」について，今日は考えてみましょう。
展開Ⅰ 35分	パレスチナの歴史	パレスチナの支配地域の変遷を地図で確認する。 ◆紀元前から第一次世界大戦まで歴史 ・シオニズム運動 ・イギリスの三枚舌外交 　①1915　フサイン-マクマホン書簡 　②1916　サイクス-ピコ協定 　③1917　バルフォア宣言 ◆第1次世界大戦から第2次世界大戦 ・イギリスの委任統治領になったパレスチナにユダヤ人の入植が進む。パレスチナ人激しく抵抗する。 ◆第2次世界大戦から現在まで ・1947　国連総会パレスチナ分割決議案採択 　　　　パレスチナをユダヤ人国家とアラブ人国家に分割 ・1948　イスラエル独立宣言　第1次中東戦争 　　　　→多数のパレスチナ人が難民に

	『アハメドくんのいのちのリレー』	・1964　パレスチナ解放機構（PLO）設立 ・1973　第4次中東戦争　「石油危機」 ・1993　イスラエルとPLOがパレスチナ暫定自治協定 2000年以降 　　パレスチナ人の自爆テロとイスラエル軍の軍事侵攻 Q．このパレスチナの歴史から分かることは…… △自爆テロを行うイスラム教徒を悪い人たちだと思っていたけれど、イギリスも結構悪いね…… ◆鎌田實『アハメドくんのいのちのリレー』を紹介
	イスラエル兵に誤射され殺された12歳のパレスチナの少年アハメド。「にもかかわらず……」父イスマイルは，その悲しみを横において，愛する我が子の臓器をイスラエルの病気の子どもに与え，いのちを救った。	
		Q．もし，あなたが父イスマイルさんの立場であったなら △敵の子供のいのちを助けると，その子が大きくなって兵士として攻めてくるかもしれないんですよね △でも，子供には罪はない…… △いのちには，敵も味方もないのでは……
まとめ 10分	「にもかかわらず」をペアワークする。	◆この「にもかかわらず」にこそ，閉塞した世界を変える力，困難な状況を生き抜くヒントが隠れているように感じるのですけれど，「にもかかわらず」という考え方に接して，あなたは，どう思いますか？　ペアワークしてください。 △「にもかかわらず」って簡単なようでとても難しい △北朝鮮の拉致問題を「にもかかわらず」で許して，食糧支援するということでしょう．えぇ〜という感じ

(2) よりよい社会を目指して

1　目指す資質・能力と指導内容の捉え方

　この中項目は、これまでの社会科学習の総まとめを行う単元である。『解説』には「公民的分野で学習してきた成果の活用に加えて」「地理的分野及び歴史的分野の学習の成果を活用するとともに、これらの分野で育成された資質・能力が、更に高まり発展するようにすること」と記述されている。ねらいは「私たちがよりよい社会を築いていくためにはどうしたらよいのかについて、持続可能な社会を形成するという観点から、課題を設けて探究し、自分の考えを説明、論述し、これから社会参画をしていくための手掛かりを得ること」となっている。

　3年間の社会科学習を計画するに当たり、最終的にこの中項目があることを意識し、各分野の学習内容を計画することが重要である。この単元で「よりよい社会を築くには」「持続可能な社会を形成するには」ということを考えるためには、当然、それまでの学習の過程で各単元の目標に沿って、生徒に「よりよい社会の在り方」「持続可能性とは」などを考えさせておく必要がある。地理的分野や歴史的分野の学習内容には、これらのことを多面的・多角的に考えるためのたくさんの題材がある。また、公民的分野の学習内容には現状を把握しこれからの社会を考える題材がある。

　この単元では、「思考力、判断力、表現力等」全てを発揮させることができる。「課題を適切に設定」するために、これまで学習した内容から、「よりよい社会を築く」「持続可能な社会を形成する」ための課題は何か「思考」する必要がある。課題は多岐にわたり複雑に関連しているが、生徒はこれまでの学習で自分なりの課題意識を持つことができている。数ある課題の中から、自ら大切であると思えるものを「判断」し選択しなければならない。課題設定場面で、「思考力」「判断力」を活用することができる。また設定した課題について情報を集め、適切に選択することは、「思考」と「判断」の連続であり、これ

までの学習で身に付けたであろう能力を発揮させる大切な場面となる。『解説』では「中間発表，ディベート，議論，プレゼンテーションなどを行い，最終的にはレポートとしてまとめる」と表現方法が例示されている。これらの活動を通して「表現力」を発揮させることができる。

● **2 授業構成のポイント**

「持続可能な社会を形成するという観点」から「よりよい社会を築く」ために主体的に社会参画させる方法を探究し，レポートにまとめることにより，「思考力」「判断力」「表現力」等を身に付けさせることが本単元の授業を構成するためのポイントとなる。

「持続可能な社会を形成する」について，『解説』では「持続可能な社会を形成するためには，世代間の公平，地域間の公平，男女間の平等，社会的寛容，貧困削減，環境の保全，経済の開発，社会の発展を調和の下に進めていくことが必要であることを理解できるようにする」と記述されている。

生徒が課題を設定するために，これまでの学習で学んだ内容を上記の記述を基に課題例を示し，探究する課題を選択させると学習がスムーズに進むと考えられる。そのために有効な題材と考えられるものが「持続可能な開発目標（SDGs）」である。これは，国連を中心に国際社会が定めた2016年から2030年の15年間に，国際社会が取り組むべき17の目標であるが，「目標5　ジェンダー平等を実現しよう」「目標1　貧困をなくそう」「目標2　飢餓をゼロに」など，これまで学習した内容を基に，今後「よりよい社会を形成する」ための課題が分かりやすく設定されている。SDGsを生徒に示し，この中から自分が探究すべき課題を選択させると，円滑に探究が始められると考えられる。

探究活動は，最終レポートを作成することを目標に構成するとよい。『解説』では「例えば『探究のテーマ』，『テーマ設定の理由』，『探究の方法』，『探究の内容（調べて分かったこと）』『探究のまとめ（理解

したこと，考察，構想したこと）』，『参考資料』などの項目を設けて記述するなどして」と例示されている。「テーマ」「テーマ設定の理由」「探究の方法」については，ワークシートをつくり，そのワークシートに沿ってレポートを作成させることが生徒の学習活動を円滑に進める助けとなる。また，探究のテーマを「自分は将来○○の課題を解決します」というような「行動宣言」の形をとる工夫をすると，より主体的な探究となるであろう。

『解説』では，「中間発表」が表現力を身に付けさせる方法として例示されている。「テーマ設定の理由」を記述した後で，一度，班やクラスの単位で各自の内容を発表させることで，他者の意見を聞くことができ，多面的・多角的な考察が実現する。

また，探究活動を同じテーマに興味を持った者同士でグループをつくらせて，グループ単位で行い，各グループから内容をプレゼンテーションさせたり，パネルディスカッション形式をとり，議論させることも考えられる。この場合，最後には必ず個人の考えをまとめさせるレポートを書くなど，最終的に個人の思考や判断をさせる場面をつくることに留意する必要がある。

● 3　授業展開例

【テーマ設定のワークシートの設問例】

1　「持続可能な開発目標（SDGs）の中から，これまでの学習を通して考えた最も解決すべき課題と思うものを選ぼう」あるいは「SDGsから，これから自分が社会を作る中で解決に取り組もうとする課題を選び，解決宣言をしよう！」

2　「調べ学習の前に，これまでの地理や歴史，公民の学習で学んだ知識だけで，どのように課題を解決すべきか簡単に書いてみよう」あるいは「行動宣言を実現するために，調べる前の今，どうすべきと考えているか書いておこう」

【本単元の学習計画素案】

時	内　容
第1時	持続可能な開発目標（SDGs）を示し、「これまでの学習から、最も解決すべきであると考える課題」を設定させる。その課題を「解決すべき」と考えた理由、「解決の方法」について、現時点での考えを書かせる。
第2時	前時に記述したテーマと、「解決すべき」と考えた理由、「解決の方法」について現時点の考えを班で発表させる。他者の考えを聞いて、自分の設定したテーマや設定の理由を再考させる。
第3～5時	探究活動。ICT機器や図書室などを活用し、設定した課題について探究させる。
第6・7時	探究した内容を基に、レポートを作成し、提出する。
	時間があるならば、「貧困」「環境」「人権」などについて、テーマを与え、ディベートやパネルディスカッションを行う。

第5節 指導計画の作成と内容の取扱い

　今回の学習指導要領の改訂における着目すべき点の一つが，教育課程全体を通して育成すべき資質・能力を明示し，各教科等でそのための学習過程の質的改善の視点が示されていることである。では，その改訂趣旨の実現を目指すためには，どのような指導計画を作成することが望ましいのだろうか。趣旨が明確に示されている「第3　指導計画の作成と内容の取扱い」に基づいて，展望してみたい。

　新学習指導要領「社会科」では，第3の1の指導計画の作成に当たっての配慮事項として，(1)学習指導要領改訂の趣旨，(2)小学校との接続，(3)配当時数の変更，(4)特別支援が必要な生徒への対応，(5)道徳との関連が示されている。また，2の第2の内容の取扱いについての配慮事項として，(1)言語活動の一層の充実，(2)情報手段と情報モラル，(3)作業的・体験的な学習の充実，(4)多様な見解のある事柄，未確定な事柄を取り上げる場合の留意事項が示されている。そして，3には，政治及び宗教に関する教育への配慮について示されている。

　これらの配慮事項の中でも，特に第3の1(1)の改訂の趣旨を踏まえた指導計画の在り方については，今回の改訂において新しく提起された内容が示されており，指導計画作成の際には十分配慮し反映させる必要がある。これは，以下のようにまとめられる。

- ・単元など内容や時間のまとまりを見通して，その中で育む資質・能力の育成に向けて，生徒の主体的・対話的で深い学びの実現を図るようにする。

> ・概念などに関する知識を獲得したり，分野の特質に応じた見方・考え方を働かせ，社会的事象の意味や意義などを考察する。
> ・社会との関わりを意識した課題を追究したり解決したりする活動の充実を図る。

　特に，新学習指導要領の要となる資質・能力の育成に関わるのが，「主体的・対話的で深い学び」の実現である。『解説』には，「質の高い深い学びを実現する観点から，各教科等の特質に応じた物事を捉える視点や考え方を働かせることが求められる」とあり，「社会的な見方・考え方」を「働かせる」ことが思考力や判断力，表現力を培い，「深い学び」につながると考えられる。

　さらに，2の第2の内容の取扱いについての配慮事項においても，(1)に，「社会的な見方・考え方を働かせることをより一層重視する観点に立って」と重ねて強調していることから，社会的な見方・考え方を構成する様々な視点を意識して，課題解決を視野に入れた学習内容を組み込み，指導計画の中に適切に配置する必要がある。また，そのような学習課題を通じて，「考察したことや選択・判断したことを論理的に説明したり，立場や根拠を明確にして議論したりする」ような授業デザインを構想することも大切である。

　これらの点を踏まえると，新学習指導要領で求められている学習内容や学習指導の改善の視点が見えてくるだろう。今までの社会科の指導では，やや「何を学ぶのか」という内容面が重視されてきた傾向があった。それに加えて，「どのように学ぶのか」という学習の過程や方法を組み合わせることで，学びの質の向上が図られ，「深い学び」につながると考えられる。

　ただし，これは1単位時間の中に，考察したり，説明したり，議論

したりする等の活動を全て入れ込むことを志向するものではない。『解説』では、「主体的・対話的で深い学び」は「1回1回の授業で全ての学びが実現されるものではなく、単元や題材など内容や時間のまとまりの中で、学習を見通し振り返る場面をどこに設定するか、グループなどで対話する場面をどこに設定するか、児童生徒が考える場面と教師が教える場面をどのように組み立てるかを考え、実現を図っていくものであること」と述べている。

この記述は、今まで以上に授業者に、単元のまとまりを意識するよう迫るとともに、1単位時間の授業及び年間の指導計画を周到に考えていく必要性を指摘している。「深い学び」を実現するためには、生徒の「主体性」を保障する活動が指導計画の中に十分確保される必要があるが、その結果、基本的な知識の習得を圧迫することは避けなければならない。各分野の学習内容を眺めた上で、重複を避け、効率的な指導計画を作成することが求められる。

第3の1(3)に示された配当時数の変更を見ると、各分野の授業時数については、歴史的分野が5時間増、その分、地理的分野が5時間減となり、地理115、歴史135、公民100時間という配分に変更された。ただ、社会科の総時間数の増減はなく、1・2年で地理と歴史を並列的に学び、3年生で歴史を学習した後、公民的分野の学習を開始するパイ型の履修形態も継続されている。このように、内容面での削減が行われていないことを踏まえて、各分野の時間を適切に配分するとともに、「基本的な事柄を厳選して指導内容を構成する」ことを意識し、基本的な内容の定着と学びの質の改善の両立を目指すことが求められる。

この両者のバランスを取る方策の一つは、指導計画立案の段階において、3年間の学習の見通しを持って、単元の重点化を図ることである。単元に軽重をつけるためには、学習内容を単元のまとまりで捉え、内容の精選と構造化を行い、その上で単元を通して身に付けさせたい

力を定め，単元目標を設定する必要がある。そして，単元目標達成のために単元を貫く学習課題を「なぜ」という問いで捉え，学習過程のどこに，どのような学習活動を配置するか構想することが大切である。特に，重点単元においては，社会的な見方・考え方を働かせる学習課題として，社会との関わりを意識した課題解決的な学習を組み込んだカリキュラム・デザインが求められる。

このような単元の計画を，実際に筆者が行った実践を基に提案してみたい。本実践は，内容D「(2)よりよい社会を目指して」に位置付けて実践されるものとする。この中項目では，政治や経済の学習に加え，地理的分野や歴史的分野の学習などによって習得した知識や概念を基に，探究する学習として行うことが求められている。

取り上げた「買物弱者」の問題は様々な要素が絡み合って形成されている社会問題であり，小学校での学習も含め，これまでに習得した知識・概念や技能を活用して説明したり，論述したりする上で有効な課題と言える。

近年，中心市街地や過疎農山村にて，産業構造や消費動向の変化に伴い，最寄りの食料品店が廃業し，生鮮食料品の入手困難な状況が高齢者を中心に広がっている。この問題に着目させるために，実際に買物行動調査を実施するとともに，調査した結果や資料の分析を通して問題の解決案をまとめ，さらに仲間同士で吟味し深め合い，持続可能な社会を構想させたい。

次ページに，学習展開の概略と単元構成を示す。

(1) 単元名

「買物弱者」問題を考える

単元を貫く問い 「なぜ買物弱者が生まれるのか,また,どのようにすれば生まれない仕組みができるのか」

(2) 単元の目標

「買物弱者」の問題に関心を持ち,様々な資料を活用してその背景を社会的,経済的,地理的観点等を用いて多面的・多角的に考察するとともに,生徒が作成した買物行動調査を基に身近な地域の現状と課題を把握し,持続可能な社会を形成するという観点から自分の考えをまとめさせる。

(3) 授業の構成（全6〜7時間）

（　）内の数字は配当時間

学習過程	学習概要
課題発見(1)	「買物弱者とはどのような問題か」という問いから,地図や統計資料から地域の特色を知り,互いに意見を出し合い,共有する。
課題追究(2)	買物行動調査を行い（インタビュー,分布図作成），地域的特色について発表する。
課題追究(1)	資料を基に「買物弱者」問題の背景を考察し,「なぜ買物弱者問題が起きるのだろうか」という学習課題を設定し,仮説を立てる。
課題解決(1)	資料を基に仮説を検証する。また,自分の身近な地域にも同様の問題が起こり得るのか,買物行動調査を基に予想する。
課題解決・新たな課題追究(1〜2)	小グループで「買物弱者」の問題について話し合い,生徒自身が高齢者になったとしても「買物弱者」が生まれない仕組みをまとめ,発表・提案する。また,各グループの提案について,実現可能性や妥当性を考えながら互いに評価し,よりよい案に向けて検討し合う。

以上のように,本単元は課題発見,課題追究,課題解決の流れを意識して学習過程を構成している。ただ,『解説』に,「課題の探究については,一定の方法があるわけではない」とあるように,実際には,課題の内容や学校・地域の実態に応じて柔軟に設定することが望ましい。

課題発見過程では,「買物弱者とはどのような問題か」という問いを設定し,地理的分野の学習で習得した地域調査の手法を活用して,各家庭における一定期間の生鮮食品の買物状況を中心に調査し,傾向を分析させる。課題追究過程では,「なぜ買物弱者問題が起きるのだろうか」という問いから,調査活動の結果を基に,資料の読み取りや話合いを通じて,問題の状況と背景の理解を深めさせる。課題解決過程では,「買物弱者が生まれないためにはどうしたらよいだろうか」という問いを提示して地域の買物弱者の問題に対して提案を行わせる。提案内容については,効率と公正の見方・考え方を働かせた上で,実現可能性や妥当性について相互に検討する時間も確保したい。

「3 内容の取扱い(5)イ」において,「社会科のまとめとして位置付け,適切かつ十分な授業時数を配当すること」とあるように,学習過程の中に省察する時間を確保することを考え,6〜7時間を目安に授業時間にも余裕を持たせる必要がある。また,『解説』では,この中項目の学習のまとめとして,中間発表,ディベート,議論,プレゼンテーションなどが例示されているので,参考にしてもよいだろう。

このような課題解決的な学習を設定する際に留意しなければならないのは,解決策を提案・発表することをゴールとして固定化しないことである。生徒が主体的に調べ,追究する活動を繰り返していくうちに,今まで見えなかった新たな課題や問いが浮かび上がってくることは十分想定できる。授業者は,学習課題や単元を貫く問いを,子供の追究の深まりに応じて,柔軟に変容させていく姿勢を備えておくべきである。

指導計画を作成するに当たって,第3の1の(3)には,「各学校で創意工夫して適切な指導計画を作成すること」と述べられているが,その過程では,当然新学習指導要領への対応に苦慮する部分も出てくることは想像に難くない。

本節を閉じるに当たって,昭和26 (1951) 年版の学習指導要領「小

学校」の記述を紹介しておきたい。

> 　もちろん，最初から非の打ちどころのない単元ができるということは望めない。ことに，すべての学校に，すべての児童にぴったりした単元というものはもともと存在しえないのであるから，教師は，絶えず実践することによって，しだいによりよい単元を構成し，展開しうる力を養っていかなくてはならない。

　これから新学習指導要領に基づいた指導計画を創り，授業づくりに向かう教師にとって，胸に刻んでおくべき言葉であると感じる。新しく示された様々な事柄を徒に盛り込み，教師・子供にとって，無理のある指導計画を立ててしまっては本末転倒である。目の前の子供に対して，最善の教育を実践したいという強い思いが，新学習指導要領で求められている学びの質の改善につながっていくのである。

第6節 資質・能力を見取る学習評価とカリキュラム・マネジメントの在り方

　新学習指導要領では，教育課程全体で目指す資質・能力が各教科等の目標と内容に具体化されるとともに，主体的・対話的で深い学びの実現やカリキュラム・マネジメントを進めることが明確にされた。

　以下では，新学習指導要領が目指す学力の評価の在り方について整理すると同時に，カリキュラム・マネジメントとの関連について確認してみたい。

1　資質・能力を見取る学習評価

　学習指導要領が目指す学力は，知識・技能，思考力・判断力・表現力，主体的に学習に取り組む態度を主要な要素としており，これらは評価の観点として設定される。観点別評価の妥当性や信頼性を高めるためには，まず，評価の観点が指し示す評価対象と目指す学習状況の水準を明確にすることが求められる。次にこれらを適切に評価する方法が準備されることが必要である。前者の評価規準と後者の評価方法とが適合することが，妥当性・信頼性を高めることにつながる。

　以下では，前者の評価規準につながる評価対象の設定と評価方法の工夫について整理してみたい。

(1)　知識・技能の評価

　知識の評価については，社会科における知識には事実及び事象を記述する知識もあれば，一定の内容を指し示すいわば概念的知識もある。前者には地名や年号，人名，事象の名称等のような単純な知識が挙げられる。後者には，例えば「武家政権」とか「幕府と藩による支配」，

「対立と合意，効率と公正」などが該当する。概念的知識の習得状況を評価するためには，それらの知識を説明するために必要な，一定の命題や複数の命題の相互関係を説明できる必要がある。例えば幕府と藩による支配について，大名統制や身分制等の説明を通して，支配の特色を構造的に示すことが必要である。

次に，技能の評価については，各分野の技能目標に記述されている事項が評価対象になる。地理的分野については，「調査や諸資料から地理に関する様々な情報を効果的に調べまとめる技能」が対象となる。歴史的分野については，「諸資料から歴史に関する様々な情報を効果的に調べまとめる技能」が対象となる。公民的分野は「諸資料から現代の社会的事象に関する情報を効果的に調べまとめる技能」が対象となる。

「効果的」に調べるとは，関係する情報を収集しているか，そこから必要な情報を選択しているか，調べる目的に沿って情報を用いながら説明しているかなどのことを指す。「まとめる」については，必要な要素となる知識や情報を組み合わせて因果関係などを説明したり，図や表，資料などを用いて表したりすることを指す。

知識・技能の評価方法については，これまでも実績のあるペーパーテストを用いることが多いが，テストの内容を上述した知識や技能の性格に適合するよう工夫することが必要である。技能の評価については，調べ，まとめる学習のプロセスをワークシート等を用いて評価することが考えられる。

(2) 思考・判断・表現の評価

思考・判断・表現の評価については，教科目標の(2)及び各分野の目標(2)を手掛かりに，評価の対象を明確にする。教科目標の(2)には，「社会的事象の意味や意義，特色や相互の関連を多面的・多角的に考察」する力，「社会に見られる課題の解決に向けて選択・判断」する力，「思考・判断したことを説明したり，それらを基に議論したりする力」が

示されている。各分野の目標(2)では，この教科目標の要素を柱にしながら，各分野特有の内容が示されている。例えば，地理的分野の場合，「多面的・多角的に考察」の前に「位置や分布，場所，人間と自然環境との相互依存関係，空間的相互依存作用，地域などに着目して」と記され，考察の仕方が示されている。また，従前と異なるのは，「課題の解決に向けて選択・判断」する力や「思考・判断したことを説明したり，それらを基に議論したりする力」が明確にされた点にある。

「選択・判断」や「説明」し「議論」する力を評価する際には，各分野の見方・考え方を働かせているかどうかや，多面的・多角的かつ公正な見方に立っているか，適切な資料と根拠に基づいているか等が評価のポイントになる。

評価方法については，学習課題について調べる活動，見方・考え方の働かせ方，課題解決についての考察や判断の様子などを把握できるワークシートや小レポートなどを用いることが考えられる。また，自らの課題追究の結果を発表する際の資料や発表の様子を評価することも考えられる。

(3) 主体的に学習に取り組む態度の評価

今回の改訂によって，これまでの関心・意欲・態度の観点から，学習に向かう姿勢や態度が評価の主な対象とされた。このことは，社会科の学習が課題の設定・追究・解決のプロセスによって構成されること，また，主体的・対話的で深い学びを踏まえた授業として展開されることと関連している。さらに，見通しを立てたり，自らの学習のプロセスを振り返ったりすることを盛り込むことも求められる。このような観点から授業構成が行われることによって，主体的に学習に取り組む態度の評価が可能になることをまず確認しておきたい。

評価方法としては，生徒の学習の展開状況が分かるシートを開発したり，学習のプロセスごとに学習状況を確認したりすることが考えられる。また，学習内容の区切りごとに，学習の自己点検を行い，その

内容を評価対象とすることも考えられる。さらに，生徒の調べ方や学び方，発表・表現の仕方の変容を学習計画書やワークシート等で確認する方法もある。

2　学習評価をカリキュラム・マネジメントに生かす

　今回の改訂では，「教育課程に基づき組織的かつ計画的に各学校の教育活動の質の向上を図」るカリキュラム・マネジメントが総則に明記された。カリキュラム・マネジメントは，これまでも学校評価の一貫としての教育課程評価やP-D-C-Aサイクルとして実施されてきた。今回改めて明確にされたことの意味は，教育課程全体として目指す資質・能力の実現を確かなものとすること，カリキュラム・マネジメントを通じて，主体的・対話的で深い学びの実現を確かなものとすることなどにある。

　カリキュラム・マネジメントは，最終的には教育課程全体の改善につながることが重要であるが，その契機として各教科等の改善を進めることが前提となる。社会科のカリキュラム・マネジメントを進めるためには，次の点を押さえておくようにしたい。

　① 各分野の三つの目標が各単元の指導計画に具体化されているか。
　② 主体的・対話的で深い学びを促す授業構成の考え方が整理され，各単元に具体化されているか。その際，見方・考え方を働かせる場面や活動が予定されているか。
　③ ①②を受けた指導計画に基づき，授業が展開されているか。
　④ 授業の実施後，生徒の学習状況が①の資質・能力に沿って整理され，課題や改善の方向が明確にされているか。
　⑤ ④の改善の方向が，次の指導計画の見直しに反映されているか。
　また，今回の改訂で教科等横断的な視点に立った資質・能力として

示された「言語能力」「情報活用能力」「問題発見・解決能力」について，社会科ではどのように指導計画に具体化し展開したのか，これらの能力の習得状況を把握し，教育課程全体の評価と改善につなげることに配慮する。

中学校学習指導要領
平成29年3月〔抜粋〕

第2章 各教科
第2節 社会
第1 目標

社会的な見方・考え方を働かせ，課題を追究したり解決したりする活動を通して，広い視野に立ち，グローバル化する国際社会に主体的に生きる平和で民主的な国家及び社会の形成者に必要な公民としての資質・能力の基礎を次のとおり育成することを目指す。

(1) 我が国の国土と歴史，現代の政治，経済，国際関係等に関して理解するとともに，調査や諸資料から様々な情報を効果的に調べまとめる技能を身に付けるようにする。

(2) 社会的事象の意味や意義，特色や相互の関連を多面的・多角的に考察したり，社会に見られる課題の解決に向けて選択・判断したりする力，思考・判断したことを説明したり，それらを基に議論したりする力を養う。

(3) 社会的事象について，よりよい社会の実現を視野に課題を主体的に解決しようとする態度を養うとともに，多面的・多角的な考察や深い理解を通して涵養される我が国の国土や歴史に対する愛情，国民主権を担う公民として，自国を愛し，その平和と繁栄を図ることや，他国や他国の文化を尊重することの大切さについての自覚などを深める。

第2 各分野の目標及び内容
〔地理的分野〕
1 目標

社会的事象の地理的な見方・考え方を働かせ，課題を追究したり解決したりする活動を通して，広い視野に立ち，グローバル化する国際社会に主体的に生きる平和で民主的な国家及び社会の形成者に必要な公民としての資質・能力の基礎を次のとおり育成することを目指す。

(1) 我が国の国土及び世界の諸地域に関して，地域の諸事象や地域的特色を理解するとともに，調査や諸資料から地理に関する様々な情報を効果的に調べまとめる技能を身に付けるようにする。

(2) 地理に関わる事象の意味や意義，特色や相互の関連を，位置や分布，場所，人間と自然環境との相互依存関係，空間的相互依存作用，地域などに着目して，多面的・多角的に考察したり，地理的な課題の解決に向けて公正に選択・判断したりする力，思考・判断したことを説明したり，それらを基に議論したりす

資料

　　る力を養う。
（3）日本や世界の地域に関わる諸事象について，よりよい社会の実現を視野にそこで見られる課題を主体的に追究，解決しようとする態度を養うとともに，多面的・多角的な考察や深い理解を通して涵養される我が国の国土に対する愛情，世界の諸地域の多様な生活文化を尊重しようとすることの大切さについての自覚などを深める。

2　内　容

A　世界と日本の地域構成
（1）地域構成
　　次の①と②の地域構成を取り上げ，位置や分布などに着目して，課題を追究したり解決したりする活動を通して，以下のア及びイの事項を身に付けることができるよう指導する。
　①　世界の地域構成
　②　日本の地域構成
　ア　次のような知識を身に付けること。
　　(ｱ)　緯度と経度，大陸と海洋の分布，主な国々の名称と位置などを基に，世界の地域構成を大観し理解すること。
　　(ｲ)　我が国の国土の位置，世界各地との時差，領域の範囲や変化とその特色などを基に，日本の地域構成を大観し理解すること。
　イ　次のような思考力，判断力，表現力等を身に付けること。
　　(ｱ)　世界の地域構成の特色を，大陸と海洋の分布や主な国の位置，緯度や経度などに着目して多面的・多角的に考察し，表現すること。
　　(ｲ)　日本の地域構成の特色を，周辺の海洋の広がりや国土を構成する島々の位置などに着目して多面的・多角的に考察し，表現すること。

B　世界の様々な地域
（1）世界各地の人々の生活と環境
　　場所や人間と自然環境との相互依存関係などに着目して，課題を追究したり解決したりする活動を通して，次の事項を身に付けることができるよう指導する。
　ア　次のような知識を身に付けること。
　　(ｱ)　人々の生活は，その生活が営まれる場所の自然及び社会的条件から影響を受けたり，その場所の自然及び社会的条件に影響を与えたりすることを理解すること。
　　(ｲ)　世界各地における人々の生活やその変容を基に，世界の人々の生活や環境の多様性を理解すること。その際，世界の主な宗教の分布についても理解すること。
　イ　次のような思考力，判断力，

表現力等を身に付けること。
　(ｱ)　世界各地における人々の生活の特色やその変容の理由を，その生活が営まれる場所の自然及び社会的条件などに着目して多面的・多角的に考察し，表現すること。
(2)　世界の諸地域
　次の①から⑥までの各州を取り上げ，空間的相互依存作用や地域などに着目して，主題を設けて課題を追究したり解決したりする活動を通して，以下のア及びイの事項を身に付けることができるよう指導する。
　①　アジア　　②　ヨーロッパ
　③　アフリカ　④　北アメリカ
　⑤　南アメリカ
　⑥　オセアニア
　ア　次のような知識を身に付けること。
　　(ｱ)　世界各地で顕在化している地球的課題は，それが見られる地域の地域的特色の影響を受けて，現れ方が異なることを理解すること。
　　(ｲ)　①から⑥までの世界の各州に暮らす人々の生活を基に，各州の地域的特色を大観し理解すること。
　イ　次のような思考力,判断力,表現力等を身に付けること。
　　(ｱ)　①から⑥までの世界の各州において，地域で見られる地球的課題の要因や影響を，州という地域の広がりや地域内の結び付きなどに着目して，それらの地域的特色と関連付けて多面的・多角的に考察し，表現すること。
C　日本の様々な地域
(1)　地域調査の手法
　場所などに着目して，課題を追究したり解決したりする活動を通して，次の事項を身に付けることができるよう指導する。
　ア　次のような知識及び技能を身に付けること。
　　(ｱ)　観察や野外調査，文献調査を行う際の視点や方法，地理的なまとめ方の基礎を理解すること。
　　(ｲ)　地形図や主題図の読図，目的や用途に適した地図の作成などの地理的な技能を身に付けること。
　イ　次のような思考力,判断力,表現力等を身に付けること。
　　(ｱ)　地域調査において，対象となる場所の特徴などに着目して,適切な主題や調査，まとめとなるように，調査の手法やその結果を多面的・多角的に考察し，表現すること。
(2)　日本の地域的特色と地域区分
　次の①から④までの項目を取り上げ，分布や地域などに着目して，課題を追究したり解決したりする活動を通して，以下の

資　料

　　ア及びイの事項を身に付けることができるよう指導する。
　①　自然環境　②　人口
　③　資源・エネルギーと産業
　④　交通・通信
　ア　次のような知識及び技能を身に付けること。
　　㋐　日本の地形や気候の特色，海洋に囲まれた日本の国土の特色，自然災害と防災への取組などを基に，日本の自然環境に関する特色を理解すること。
　　㋑　少子高齢化の課題，国内の人口分布や過疎・過密問題などを基に，日本の人口に関する特色を理解すること。
　　㋒　日本の資源・エネルギー利用の現状，国内の産業の動向，環境やエネルギーに関する課題などを基に，日本の資源・エネルギーと産業に関する特色を理解すること。
　　㋓　国内や日本と世界との交通・通信網の整備状況，これを活用した陸上，海上輸送などの物流や人の往来などを基に，国内各地の結び付きや日本と世界との結び付きの特色を理解すること。
　　㋔　①から④までの項目に基づく地域区分を踏まえ，我が国の国土の特色を大観し理解すること。
　　㋕　日本や国内地域に関する各種の主題図や資料を基に，地域区分をする技能を身に付けること。
　イ　次のような思考力，判断力，表現力等を身に付けること。
　　㋐　①から④までの項目について，それぞれの地域区分を，地域の共通点や差異，分布などに着目して，多面的・多角的に考察し，表現すること。
　　㋑　日本の地域的特色を，①から④までの項目に基づく地域区分などに着目して，それらを関連付けて多面的・多角的に考察し，表現すること。
　(3)　日本の諸地域
　　次の①から⑤までの考察の仕方を基にして，空間的相互依存作用や地域などに着目して，主題を設けて課題を追究したり解決したりする活動を通して，以下のア及びイの事項を身に付けることができるよう指導する。
　①　自然環境を中核とした考察の仕方
　②　人口や都市・村落を中核とした考察の仕方
　③　産業を中核とした考察の仕方
　④　交通や通信を中核とした考察の仕方
　⑤　その他の事象を中核とした

考察の仕方
　ア　次のような知識を身に付けること。
　　(ｱ)　幾つかに区分した日本のそれぞれの地域について，その地域的特色や地域の課題を理解すること。
　　(ｲ)　①から⑤までの考察の仕方で取り上げた特色ある事象と，それに関連する他の事象や，そこで生ずる課題を理解すること。
　イ　次のような思考力，判断力，表現力等を身に付けること。
　　(ｱ)　日本の諸地域において，それぞれ①から⑤までで扱う中核となる事象の成立条件を，地域の広がりや地域内の結び付き，人々の対応などに着目して，他の事象やそこで生ずる課題と有機的に関連付けて多面的・多角的に考察し，表現すること。
(4)　地域の在り方
　　空間的相互依存作用や地域などに着目して，課題を追究したり解決したりする活動を通して，次の事項を身に付けることができるよう指導する。
　ア　次のような知識を身に付けること。
　　(ｱ)　地域の実態や課題解決のための取組を理解すること。
　　(ｲ)　地域的な課題の解決に向けて考察，構想したことを適切に説明，議論しまとめる手法について理解すること。
　イ　次のような思考力，判断力，表現力等を身に付けること。
　　(ｱ)　地域の在り方を，地域の結び付きや地域の変容，持続可能性などに着目し，そこで見られる地理的な課題について多面的・多角的に考察，構想し，表現すること。

3　内容の取扱い
(1)　内容のＡ，Ｂ及びＣについては，この順序で取り扱うものとし，既習の学習成果を生かすこと。
(2)　内容の取扱いについては，次の事項に配慮するものとする。
　ア　世界や日本の場所や地域の特色には，一般的共通性と地方的特殊性があり，また，地域に見られる諸事象は，その地域の規模の違いによって現れ方が異なることに留意すること。
　イ　地図の読図や作図，景観写真の読み取り，地域に関する情報の収集や処理などの地理的技能を身に付けるに当たっては，系統性に留意して計画的に指導すること。その際，教科用図書「地図」を十分に活用すること。
　ウ　学習で取り上げる地域や国

資料

　　　については，各項目間の調整を図り，一部の地域に偏ることのないようにすること。
　　エ　地域の特色や変化を捉えるに当たっては，歴史的分野との連携を踏まえ，歴史的背景に留意して地域的特色を追究するよう工夫するとともに，公民的分野との関連にも配慮すること。
　　オ　地域的特色を追究する過程で生物や地学的な事象などを取り上げる際には，地域的特色を捉える上で必要な範囲にとどめること。
(3)　内容のAについては，次のとおり取り扱うものとする。
　　ア　(1)については，次のとおり取り扱うものとする。
　　　(ｱ)　日本の地域構成を扱う際には，都道府県の名称と位置のほかに都道府県庁所在地名も取り上げること。
　　　(ｲ)　「領域の範囲や変化とその特色」については，我が国の海洋国家としての特色を取り上げるとともに，竹島や北方領土が我が国の固有の領土であることなど，我が国の領域をめぐる問題も取り上げるようにすること。その際，尖閣諸島については我が国の固有の領土であり，領土問題は存在しないことも扱うこと。
　　　(ｳ)　地球儀や地図を積極的に活用し，学習全体を通して，大まかに世界地図や日本地図を描けるようにすること。
(4)　内容のBについては，次のとおり取り扱うものとする。
　　ア　(1)については，世界各地の人々の生活の特色やその変容の理由と，その生活が営まれる場所の自然及び社会的条件との関係を考察するに当たって，衣食住の特色や，生活と宗教との関わりなどを取り上げるようにすること。
　　イ　(2)については，次のとおり取り扱うものとする。
　　　(ｱ)　州ごとに設ける主題については，各州に暮らす人々の生活の様子を的確に把握できる事象を取り上げるとともに，そこで特徴的に見られる地球的課題と関連付けて取り上げること。
　　　(ｲ)　取り上げる地球的課題については，地域間の共通性に気付き，我が国の国土の認識を深め，持続可能な社会づくりを考える上で効果的であるという観点から設定すること。また，州ごとに異なるものとなるようにすること。
(5)　内容のCについては，次のとおり取り扱うものとする。
　　ア　(1)については，次のとおり取り扱うものとする。

(ｱ) 地域調査に当たっては，対象地域は学校周辺とし，主題は学校所在地の事情を踏まえて，防災，人口の偏在，産業の変容，交通の発達などの事象から適切に設定し，観察や調査を指導計画に位置付けて実施すること。なお，学習の効果を高めることができる場合には，内容のＣの(3)の中の学校所在地を含む地域の学習や，Ｃの(4)と結び付けて扱うことができること。

(ｲ) 様々な資料を的確に読み取ったり，地図を有効に活用して事象を説明したりするなどの作業的な学習活動を取り入れること。また，課題の追究に当たり，例えば，防災に関わり危険を予測したり，人口の偏在に関わり人口動態を推測したりする際には，縮尺の大きな地図や統計その他の資料を含む地理空間情報を適切に取り扱い，その活用の技能を高めるようにすること。

イ (2)については，次のとおり取り扱うものとする。

(ｱ) ①から④までで示した日本の地域的特色については，系統的に理解を深めるための基本的な事柄で構成すること。

(ｲ) 地域区分に際しては，日本の地域的特色を見いだしやすくなるようにそれぞれ適切な数で区分すること。

ウ (3)については，次のとおり取り扱うものとする。

(ｱ) 日本の諸地域については，国内を幾つかの地域に区分して取り上げることとし，その地域区分は，指導の観点や学校所在地の事情などを考慮して適切に決めること。

(ｲ) 学習する地域ごとに①から⑤までの考察の仕方を一つ選択することとし，①から④までの考察の仕方は，少なくとも一度は取り扱うこと。また，⑤の考察の仕方は，様々な事象や事柄の中から，取り上げる地域に応じた適切なものを適宜設定すること。

(ｳ) 地域の考察に当たっては，そこに暮らす人々の生活・文化，地域の伝統や歴史的な背景，地域の持続可能な社会づくりを踏まえた視点に留意すること。

エ (4)については，次のとおり取り扱うものとする。

(ｱ) 取り上げる地域や課題については，各学校において具体的に地域の在り方を考察できるような，適切な規模の地域や適切な課題を取り上げること。

(イ) 学習の効果を高めることができる場合には，内容のCの(1)の学習や，Cの(3)の中の学校所在地を含む地域の学習と結び付けて扱うことができること。
(ウ) 考察，構想，表現する際には，学習対象の地域と類似の課題が見られる他の地域と比較したり，関連付けたりするなど，具体的に学習を進めること。
(エ) 観察や調査の結果をまとめる際には，地図や諸資料を有効に活用して事象を説明したり，自分の解釈を加えて論述したり，意見交換したりするなどの学習活動を充実させること。

〔歴史的分野〕
1 目 標
　社会的事象の歴史的な見方・考え方を働かせ，課題を追究したり解決したりする活動を通して，広い視野に立ち，グローバル化する国際社会に主体的に生きる平和で民主的な国家及び社会の形成者に必要な公民としての資質・能力の基礎を次のとおり育成することを目指す。
(1) 我が国の歴史の大きな流れを，世界の歴史を背景に，各時代の特色を踏まえて理解するとともに，諸資料から歴史に関する様々な情報を効果的に調べまとめる技能を身に付けるようにする。
(2) 歴史に関わる事象の意味や意義，伝統と文化の特色などを，時期や年代，推移，比較，相互の関連や現在とのつながりなどに着目して多面的・多角的に考察したり，歴史に見られる課題を把握し複数の立場や意見を踏まえて公正に選択・判断したりする力，思考・判断したことを説明したり，それらを基に議論したりする力を養う。
(3) 歴史に関わる諸事象について，よりよい社会の実現を視野にそこで見られる課題を主体的に追究，解決しようとする態度を養うとともに，多面的・多角的な考察や深い理解を通して涵養される我が国の歴史に対する愛情，国民としての自覚，国家及び社会並びに文化の発展や人々の生活の向上に尽くした歴史上の人物と現在に伝わる文化遺産を尊重しようとすることの大切さについての自覚などを深め，国際協調の精神を養う。

2 内 容
A 歴史との対話
(1) 私たちと歴史
　課題を追究したり解決したりする活動を通して，次の事項を身に付けることができるよう指導する。
ア 次のような知識及び技能を身に付けること。

(ｱ)　年代の表し方や時代区分の意味や意義についての基本的な内容を理解すること。
　　　(ｲ)　資料から歴史に関わる情報を読み取ったり，年表などにまとめたりするなどの技能を身に付けること。
　　イ　次のような思考力，判断力，表現力等を身に付けること。
　　　(ｱ)　時期や年代，推移，現在の私たちとのつながりなどに着目して，小学校での学習を踏まえて歴史上の人物や文化財，出来事などから適切なものを取り上げ，時代区分との関わりなどについて考察し表現すること。
　(2)　身近な地域の歴史
　　課題を追究したり解決したりする活動を通して，次の事項を身に付けることができるよう指導する。
　　ア　次のような知識及び技能を身に付けること。
　　　(ｱ)　自らが生活する地域や受け継がれてきた伝統や文化への関心をもって，具体的な事柄との関わりの中で，地域の歴史について調べたり，収集した情報を年表などにまとめたりするなどの技能を身に付けること。
　　イ　次のような思考力，判断力，表現力等を身に付けること。
　　　(ｱ)　比較や関連，時代的な背景や地域的な環境，歴史と私たちとのつながりなどに着目して，地域に残る文化財や諸資料を活用して，身近な地域の歴史的な特徴を多面的・多角的に考察し，表現すること。
B　近世までの日本とアジア
　(1)　古代までの日本
　　課題を追究したり解決したりする活動を通して，次の事項を身に付けることができるよう指導する。
　　ア　次のような知識を身に付けること。
　　　(ｱ)　世界の古代文明や宗教のおこり
　　　　世界の古代文明や宗教のおこりを基に，世界の各地で文明が築かれたことを理解すること。
　　　(ｲ)　日本列島における国家形成
　　　　日本列島における農耕の広まりと生活の変化や当時の人々の信仰，大和朝廷（大和政権）による統一の様子と東アジアとの関わりなどを基に，東アジアの文明の影響を受けながら我が国で国家が形成されていったことを理解すること。
　　　(ｳ)　律令国家の形成
　　　　律令国家の確立に至るまでの過程，摂関政治などを基に，東アジアの文物や

資　料

制度を積極的に取り入れながら国家の仕組みが整えられ，その後，天皇や貴族による政治が展開したことを理解すること。
　㋓　古代の文化と東アジアとの関わり
　　　仏教の伝来とその影響，仮名文字の成立などを基に，国際的な要素をもった文化が栄え，それらを基礎としながら文化の国風化が進んだことを理解すること。
イ　次のような思考力，判断力，表現力等を身に付けること。
　㋐　古代文明や宗教が起こった場所や環境，農耕の広まりや生産技術の発展，東アジアとの接触や交流と政治や文化の変化などに着目して，事象を相互に関連付けるなどして，アの㋐から㋓までについて古代の社会の変化の様子を多面的・多角的に考察し，表現すること。
　㋑　古代までの日本を大観して，時代の特色を多面的・多角的に考察し，表現すること。
(2)　中世の日本
　　課題を追究したり解決したりする活動を通して，次の事項を身に付けることができるよう指導する。
ア　次のような知識を身に付けること。
　㋐　武家政治の成立とユーラシアの交流
　　　鎌倉幕府の成立，元寇（モンゴル帝国の襲来）などを基に，武士が台頭して主従の結び付きや武力を背景とした武家政権が成立し，その支配が広まったこと，元寇がユーラシアの変化の中で起こったことを理解すること。
　㋑　武家政治の展開と東アジアの動き
　　　南北朝の争乱と室町幕府，日明貿易，琉球の国際的な役割などを基に，武家政治の展開とともに，東アジア世界との密接な関わりが見られたことを理解すること。
　㋒　民衆の成長と新たな文化の形成
　　　農業など諸産業の発達，畿内を中心とした都市や農村における自治的な仕組みの成立，武士や民衆などの多様な文化の形成，応仁の乱後の社会的な変動などを基に，民衆の成長を背景とした社会や文化が生まれたことを理解すること。
イ　次のような思考力，判断力，表現力等を身に付けること。
　㋐　武士の政治への進出と展開，東アジアにおける交流，

農業や商工業の発達などに着目して，事象を相互に関連付けるなどして，アの(ア)から(ウ)までについて中世の社会の変化の様子を多面的・多角的に考察し，表現すること。
　　　(イ)　中世の日本を大観して，時代の特色を多面的・多角的に考察し，表現すること。
　(3)　近世の日本
　　課題を追究したり解決したりする活動を通して，次の事項を身に付けることができるよう指導する。
　　ア　次のような知識を身に付けること。
　　　(ア)　世界の動きと統一事業
　　　　ヨーロッパ人来航の背景とその影響，織田・豊臣による統一事業とその当時の対外関係，武将や豪商などの生活文化の展開などを基に，近世社会の基礎がつくられたことを理解すること。
　　　(イ)　江戸幕府の成立と対外関係
　　　　江戸幕府の成立と大名統制，身分制と農村の様子，鎖国などの幕府の対外政策と対外関係などを基に，幕府と藩による支配が確立したことを理解すること。
　　　(ウ)　産業の発達と町人文化
　　　　産業や交通の発達，教育の普及と文化の広がりなどを基に，町人文化が都市を中心に形成されたことや，各地方の生活文化が生まれたことを理解すること。
　　　(エ)　幕府の政治の展開
　　　　社会の変動や欧米諸国の接近，幕府の政治改革，新しい学問・思想の動きなどを基に，幕府の政治が次第に行き詰まりをみせたことを理解すること。
　　イ　次のような思考力，判断力，表現力等を身に付けること。
　　　(ア)　交易の広がりとその影響，統一政権の諸政策の目的，産業の発達と文化の担い手の変化，社会の変化と幕府の政策の変化などに着目して，事象を相互に関連付けるなどして，アの(ア)から(エ)までについて近世の社会の変化の様子を多面的・多角的に考察し，表現すること。
　　　(イ)　近世の日本を大観して，時代の特色を多面的・多角的に考察し，表現すること。
　C　近現代の日本と世界
　(1)　近代の日本と世界
　　課題を追究したり解決したりする活動を通して，次の事項を身に付けることができるよう指導する。
　　ア　次のような知識を身に付けること。

㋐ 欧米における近代社会の成立とアジア諸国の動き

　欧米諸国における産業革命や市民革命，アジア諸国の動きなどを基に，欧米諸国が近代社会を成立させてアジアへ進出したことを理解すること。

㋑ 明治維新と近代国家の形成

　開国とその影響，富国強兵・殖産興業政策，文明開化の風潮などを基に，明治維新によって近代国家の基礎が整えられて，人々の生活が大きく変化したことを理解すること。

㋒ 議会政治の始まりと国際社会との関わり

　自由民権運動，大日本帝国憲法の制定，日清・日露戦争，条約改正などを基に，立憲制の国家が成立して議会政治が始まるとともに，我が国の国際的な地位が向上したことを理解すること。

㋓ 近代産業の発展と近代文化の形成

　我が国の産業革命，この時期の国民生活の変化，学問・教育・科学・芸術の発展などを基に，我が国で近代産業が発展し，近代文化が形成されたことを理解すること。

㋔ 第一次世界大戦前後の国際情勢と大衆の出現

　第一次世界大戦の背景とその影響，民族運動の高まりと国際協調の動き，我が国の国民の政治的自覚の高まりと文化の大衆化などを基に，第一次世界大戦前後の国際情勢及び我が国の動きと，大戦後に国際平和への努力がなされたことを理解すること。

㋕ 第二次世界大戦と人類への惨禍

　経済の世界的な混乱と社会問題の発生，昭和初期から第二次世界大戦の終結までの我が国の政治・外交の動き，中国などアジア諸国との関係，欧米諸国の動き，戦時下の国民の生活などを基に，軍部の台頭から戦争までの経過と，大戦が人類全体に惨禍を及ぼしたことを理解すること。

イ　次のような思考力，判断力，表現力等を身に付けること。

㋐ 工業化の進展と政治や社会の変化，明治政府の諸改革の目的，議会政治や外交の展開，近代化がもたらした文化への影響，経済の変化の政治への影響，戦争に向かう時期の社会や生活の変化，世界の動きと我が国との関連などに着目して，

事象を相互に関連付けるなどして，アの(ｱ)から(ｶ)までについて近代の社会の変化の様子を多面的・多角的に考察し，表現すること。
　　　(ｲ)　近代の日本と世界を大観して，時代の特色を多面的・多角的に考察し，表現すること。
　(2)　現代の日本と世界
　　　課題を追究したり解決したりする活動を通して，次の事項を身に付けることができるよう指導すること。
　　ア　次のような知識を身に付けること。
　　　(ｱ)　日本の民主化と冷戦下の国際社会
　　　　　冷戦，我が国の民主化と再建の過程，国際社会への復帰などを基に，第二次世界大戦後の諸改革の特色や世界の動きの中で新しい日本の建設が進められたことを理解すること。
　　　(ｲ)　日本の経済の発展とグローバル化する世界
　　　　　高度経済成長，国際社会との関わり，冷戦の終結などを基に，我が国の経済や科学技術の発展によって国民の生活が向上し，国際社会において我が国の役割が大きくなってきたことを理解すること。
　　イ　次のような思考力，判断力，表現力等を身に付けること。
　　　(ｱ)　諸改革の展開と国際社会の変化，政治の展開と国民生活の変化などに着目して，事象を相互に関連付けるなどして，アの(ｱ)及び(ｲ)(ｳ)について現代の社会の変化の様子を多面的・多角的に考察し，表現すること。
　　　(ｲ)　現代の日本と世界を大観して，時代の特色を多面的・多角的に考察し，表現すること。
　　　(ｳ)　これまでの学習を踏まえ，歴史と私たちとのつながり，現在と未来の日本や世界の在り方について，課題意識をもって多面的・多角的に考察，構想し，表現すること。

3　内容の取扱い

　(1)　内容の取扱いについては，次の事項に配慮するものとする。
　　ア　生徒の発達の段階を考慮して，各時代の特色や時代の転換に関係する基礎的・基本的な歴史に関わる事象を重点的に選んで指導内容を構成すること。
　　イ　調査や諸資料から歴史に関わる事象についての様々な情報を効果的に収集し，読み取り，まとめる技能を身に付ける学習を重視すること。その際，年表を活用した読み取りやまとめ，文献，図版などの

多様な資料，地図などの活用を十分に行うこと。

ウ 歴史に関わる事象の意味・意義や特色，事象間の関連を説明したり，課題を設けて追究したり，意見交換したりするなどの学習を重視して，思考力，判断力，表現力等を養うとともに，学習内容の確かな理解と定着を図ること。

エ 各時代の文化については，代表的な事例を取り上げてその特色を考察させるようにすること。

オ 歴史に見られる国際関係や文化交流のあらましを理解させ，我が国と諸外国の歴史や文化が相互に深く関わっていることを考察させるようにすること。その際，歴史に見られる文化や生活の多様性に気付かせること。

カ 国家及び社会並びに文化の発展や人々の生活の向上に尽くした歴史上の人物と現在に伝わる文化遺産について，生徒の興味・関心を育てる指導に努めるとともに，それらの時代的背景や地域性などと関連付けて考察させるようにすること。その際，身近な地域の歴史上の人物と文化遺産を取り上げることにも留意すること。

キ 歴史に関わる事象の指導に当たっては，地理的分野との連携を踏まえ，地理的条件にも着目して取り扱うよう工夫するとともに，公民的分野との関連にも配慮すること。

ク 日本人の生活や生活に根ざした文化については，政治の動き，社会の動き，各地域の地理的条件，身近な地域の歴史とも関連付けて指導したり，民俗学や考古学などの成果の活用や博物館，郷土資料館などの施設を見学・調査したりするなど具体的に学ぶことを通して理解させるように工夫すること。

(2) 内容のAについては，次のとおり取り扱うものとする。

ア (1)については，中学校の歴史学習の導入として実施することを原則とすること。小学校での学習を踏まえ，扱う内容や活動を工夫すること。「課題を追究したり解決したりする活動」については，内容のB以下の学習と関わらせて，歴史を追究するために，課題意識をもって学ぶことを促す適切な学習活動を設けるような工夫をすること。(1)のアの(ｱ)の「年代の表し方や時代区分」の学習については，導入における学習内容を基盤にし，内容のB以下の学習と関わらせて継続的・計画的に進めること。また，(1)のイの(ｱ)の「時期や年代，推移，現在

の私たちとのつながり」については，内容のB以下の学習と関わらせて，事象相互の関連などにも留意し，それぞれの時代でこれらに着目して考察することが大切であることに気付かせること。
　イ　(2)については，内容のB以下の学習と関わらせて計画的に実施し，地域の特性に応じた時代を取り上げるようにするとともに，人々の生活や生活に根ざした伝統や文化に着目した取扱いを工夫すること。その際，博物館，郷土資料館などの地域の施設の活用や地域の人々の協力も考慮すること。
(3)　内容のBについては，次のとおり取り扱うものとする。
　ア　(1)のアの(ｱ)の「世界の古代文明」については，人類の出現にも触れ，中国の文明をはじめとして諸文明の特徴を取り扱い，生活技術の発達，文字の使用，国家のおこりと発展などの共通する特徴に気付かせるようにすること。また，ギリシャ・ローマの文明について，政治制度など民主政治の来歴の観点から取り扱うこと。「宗教のおこり」については，仏教，キリスト教，イスラム教などを取り上げ，古代の文明とともに大きく捉えさせるようにすること。(1)のアの(ｲ)の「日本列島における国家形成」については，狩猟・採集を行っていた人々の生活が農耕の広まりとともに変化していったことに気付かせるようにすること。また，考古学などの成果を活用するとともに，古事記，日本書紀，風土記などにまとめられた神話・伝承などの学習を通して，当時の人々の信仰やものの見方などに気付かせるよう留意すること。「大和朝廷（大和政権）による統一の様子と東アジアとの関わり」については，古墳の広まりにも触れるとともに，大陸から移住してきた人々の我が国の社会や文化に果たした役割にも気付かせるようにすること。(1)のアの(ｳ)の「律令国家の確立に至るまでの過程」については，聖徳太子の政治，大化の改新から律令国家の確立に至るまでの過程を，小学校での学習内容を活用して大きく捉えさせるようにすること。なお，「聖徳太子の政治」を取り上げる際には，聖徳太子が古事記や日本書紀においては「厩戸皇子」などと表記され，後に「聖徳太子」と称されるようになったことに触れること。
　イ　(2)のアの(ｱ)の「ユーラシアの変化」については，モンゴル帝国の拡大によるユーラシ

資 料

アの結び付きについて気付かせること。(2)のアの(イ)の「琉球の国際的な役割」については，琉球の文化についても触れること。(2)のアの(ウ)の「武士や民衆などの多様な文化の形成」については，代表的な事例を取り上げてその特色を捉えさせるようにすること。その際，この時代の文化の中に現在に結び付くものが見られることに気付かせるようにすること。また，禅宗の文化的な影響についても触れること。「応仁の乱後の社会的な変動」については，戦国の動乱も取り扱うようにすること。

ウ (3)のアの(ア)の「ヨーロッパ人来航の背景」については，新航路の開拓を中心に取り扱い，その背景となるアジアの交易の状況やムスリム商人などの役割と世界の結び付きに気付かせること。また，宗教改革についても触れること。「織田・豊臣による統一事業」については，検地・刀狩などの政策を取り扱うようにすること。(3)のアの(イ)の「鎖国などの幕府の対外政策と対外関係」については，オランダ，中国との交易のほか，朝鮮との交流や琉球の役割，北方との交易をしていたアイヌについて取り扱うようにするこ

と。その際，アイヌの文化についても触れること。「幕府と藩による支配」については，その支配の下に大きな戦乱のない時期を迎えたことなどに気付かせること。(3)のアの(ウ)の「産業や交通の発達」については，身近な地域の特徴を生かすようにすること。「各地方の生活文化」については，身近な地域の事例を取り上げるように配慮し，藩校や寺子屋などによる「教育の普及」や社会的な「文化の広がり」と関連させて，現在との結び付きに気付かせるようにすること。(3)のアの(エ)の「幕府の政治改革」については，百姓一揆などに結び付く農村の変化や商業の発達などへの対応という観点から，代表的な事例を取り上げるようにすること。

(4) 内容のCについては，次のとおり取り扱うものとする。

ア (1)のアの(ア)の「市民革命」については，政治体制の変化や人権思想の発達や広がり，現代の政治とのつながりなどと関連付けて，アメリカの独立，フランス革命などを扱うこと。「アジア諸国の動き」については，欧米諸国の進出に対するアジア諸国の対応と変容という観点から，代表的な事例を取り上げるようにす

ること。(1)のアの(イ)の「開国とその影響」については、(1)のアの(ア)の欧米諸国のアジア進出と関連付けて取り扱うようにすること。「富国強兵・殖産興業政策」については、この政策の下に新政府が行った、廃藩置県、学制・兵制・税制の改革、身分制度の廃止、領土の画定などを取り扱うようにすること。その際、北方領土に触れるとともに、竹島、尖閣諸島の編入についても触れること。「明治維新」については、複雑な国際情勢の中で独立を保ち、近代国家を形成していった政府や人々の努力に気付かせるようにすること。(1)のアの(ウ)の「日清・日露戦争」については、この頃の大陸との関係を踏まえて取り扱うようにすること。「条約改正」については、当時の国内の社会状況や国際情勢との関わりを踏まえて、欧米諸国と対等な外交関係を樹立する過程の中から代表的な事例を取り上げるようにすること。「立憲制の国家が成立して議会政治が始まる」については、その歴史上の意義や現代の政治とのつながりに気付かせるようにすること。(1)のアの(エ)の「近代文化」については、伝統的な文化の上に欧米文化を受容して形成されたものであることに気付かせるようにすること。(1)のアの(オ)の「第一次世界大戦」については、世界に戦禍が広がった背景や、日本の参戦、ロシア革命なども取り上げて、世界の動きと我が国との関連を踏まえて取り扱うようにすること。「我が国の国民の政治的自覚の高まり」については、大正デモクラシーの時期の政党政治の発達、民主主義的な思想の普及、社会運動の展開を取り扱うようにすること。(1)のアの(カ)については、国際協調と国際平和の実現に努めることが大切であることに気付かせるようにすること。

イ (2)のアの(ア)の「我が国の民主化と再建の過程」については、国民が苦難を乗り越えて新しい日本の建設に努力したことに気付かせるようにすること。その際、男女普通選挙の確立、日本国憲法の制定などを取り扱うこと。(2)のアの(イ)については、沖縄返還、日中国交正常化、石油危機などの節目となる歴史に関わる事象を取り扱うようにすること。また、民族や宗教をめぐる対立や地球環境問題への対応などを取り扱い、これまでの学習と関わらせて考察、構想させるようにすること。

資 料

〔公民的分野〕

1　目　標

現代社会の見方・考え方を働かせ，課題を追究したり解決したりする活動を通して，広い視野に立ち，グローバル化する国際社会に主体的に生きる平和で民主的な国家及び社会の形成者に必要な公民としての資質・能力の基礎を次のとおり育成することを目指す。

(1)　個人の尊厳と人権の尊重の意義，特に自由・権利と責任・義務との関係を広い視野から正しく認識し，民主主義，民主政治の意義，国民の生活の向上と経済活動との関わり，現代の社会生活及び国際関係などについて，個人と社会との関わりを中心に理解を深めるとともに，諸資料から現代の社会的事象に関する情報を効果的に調べまとめる技能を身に付けるようにする。

(2)　社会的事象の意味や意義，特色や相互の関連を現代の社会生活と関連付けて多面的・多角的に考察したり，現代社会に見られる課題について公正に判断したりする力，思考・判断したことを説明したり，それらを基に議論したりする力を養う。

(3)　現代の社会的事象について，現代社会に見られる課題の解決を視野に主体的に社会に関わろうとする態度を養うとともに，多面的・多角的な考察や深い理解を通して涵養される，国民主権を担う公民として，自国を愛し，その平和と繁栄を図ることや，各国が相互に主権を尊重し，各国民が協力し合うことの大切さについての自覚などを深める。

2　内　容

A　私たちと現代社会

(1)　私たちが生きる現代社会と文化の特色

位置や空間的な広がり，推移や変化などに着目して，課題を追究したり解決したりする活動を通して，次の事項を身に付けることができるよう指導する。

ア　次のような知識を身に付けること。

(ｱ)　現代日本の特色として少子高齢化，情報化，グローバル化などが見られることについて理解すること。

(ｲ)　現代社会における文化の意義や影響について理解すること。

イ　次のような思考力，判断力，表現力等を身に付けること。

(ｱ)　少子高齢化，情報化，グローバル化などが現在と将来の政治，経済，国際関係に与える影響について多面的・多角的に考察し，表現すること。

(ｲ)　文化の継承と創造の意義について多面的・多角的に考察し，表現すること。

(2)　現代社会を捉える枠組み

対立と合意，効率と公正などに着目して，課題を追究したり解決したりする活動を通して，次の事項を身に付けることができるよう指導する。
　ア　次のような知識を身に付けること。
　　(ｱ)　現代社会の見方・考え方の基礎となる枠組みとして，対立と合意，効率と公正などについて理解すること。
　　(ｲ)　人間は本来社会的存在であることを基に，個人の尊厳と両性の本質的平等，契約の重要性やそれを守ることの意義及び個人の責任について理解すること。
　イ　次のような思考力，判断力，表現力等を身に付けること。
　　(ｱ)　社会生活における物事の決定の仕方，契約を通した個人と社会との関係，きまりの役割について多面的・多角的に考察し，表現すること。
B　私たちと経済
　(1)　市場の働きと経済
　　　対立と合意，効率と公正，分業と交換，希少性などに着目して，課題を追究したり解決したりする活動を通して，次の事項を身に付けることができるよう指導する。
　　ア　次のような知識を身に付けること。
　　　(ｱ)　身近な消費生活を中心に経済活動の意義について理解すること。
　　　(ｲ)　市場経済の基本的な考え方について理解すること。その際，市場における価格の決まり方や資源の配分について理解すること。
　　　(ｳ)　現代の生産や金融などの仕組みや働きを理解すること。
　　　(ｴ)　勤労の権利と義務，労働組合の意義及び労働基準法の精神について理解すること。
　　イ　次のような思考力，判断力，表現力等を身に付けること。
　　　(ｱ)　個人や企業の経済活動における役割と責任について多面的・多角的に考察し，表現すること。
　　　(ｲ)　社会生活における職業の意義と役割及び雇用と労働条件の改善について多面的・多角的に考察し，表現すること。
　(2)　国民の生活と政府の役割
　　　対立と合意，効率と公正，分業と交換，希少性などに着目して，課題を追究したり解決したりする活動を通して，次の事項を身に付けることができるよう指導する。
　　ア　次のような知識を身に付けること。
　　　(ｱ)　社会資本の整備，公害の

防止など環境の保全，少子高齢社会における社会保障の充実・安定化，消費者の保護について，それらの意義を理解すること。
　　(イ)　財政及び租税の意義，国民の納税の義務について理解すること。
　イ　国民の生活と福祉の向上を図ることに向けて，次のような思考力，判断力，表現力等を身に付けること。
　　(ア)　市場の働きに委ねることが難しい諸問題に関して，国や地方公共団体が果たす役割について多面的・多角的に考察，構想し，表現すること。
　　(イ)　財政及び租税の役割について多面的・多角的に考察し，表現すること。

C　私たちと政治
(1)　人間の尊重と日本国憲法の基本的原則
　対立と合意，効率と公正，個人の尊重と法の支配，民主主義などに着目して，課題を追究したり解決したりする活動を通して，次の事項を身に付けることができるよう指導する。
　ア　次のような知識を身に付けること。
　　(ア)　人間の尊重についての考え方を，基本的人権を中心に深め，法の意義を理解すること。
　　(イ)　民主的な社会生活を営むためには，法に基づく政治が大切であることを理解すること。
　　(ウ)　日本国憲法が基本的人権の尊重，国民主権及び平和主義を基本的原則としていることについて理解すること。
　　(エ)　日本国及び日本国民統合の象徴としての天皇の地位と天皇の国事に関する行為について理解すること。
　イ　次のような思考力，判断力，表現力等を身に付けること。
　　(ア)　我が国の政治が日本国憲法に基づいて行われていることの意義について多面的・多角的に考察し，表現すること。
(2)　民主政治と政治参加
　対立と合意，効率と公正，個人の尊重と法の支配，民主主義などに着目して，課題を追究したり解決したりする活動を通して，次の事項を身に付けることができるよう指導する。
　ア　次のような知識を身に付けること。
　　(ア)　国会を中心とする我が国の民主政治の仕組みのあらましや政党の役割を理解すること。
　　(イ)　議会制民主主義の意義，多数決の原理とその運用の在り方について理解するこ

　　　　と。
　　(ウ) 国民の権利を守り，社会の秩序を維持するために，法に基づく公正な裁判の保障があることについて理解すること。
　　(エ) 地方自治の基本的な考え方について理解すること。その際，地方公共団体の政治の仕組み，住民の権利や義務について理解すること。
　イ　地方自治や我が国の民主政治の発展に寄与しようとする自覚や住民としての自治意識の基礎を育成することに向けて，次のような思考力，判断力，表現力等を身に付けること。
　　(ア) 民主政治の推進と，公正な世論の形成や選挙など国民の政治参加との関連について多面的・多角的に考察，構想し，表現すること。
D　私たちと国際社会の諸課題
(1) 世界平和と人類の福祉の増大
　対立と合意，効率と公正，協調，持続可能性などに着目して，課題を追究したり解決したりする活動を通して，次の事項を身に付けることができるよう指導する。
　ア　次のような知識を身に付けること。
　　(ア) 世界平和の実現と人類の福祉の増大のためには，国際協調の観点から，国家間の相互の主権の尊重と協力，各国民の相互理解と協力及び国際連合をはじめとする国際機構などの役割が大切であることを理解すること。その際，領土（領海，領空を含む。），国家主権，国際連合の働きなど基本的な事項について理解すること。
　　(イ) 地球環境，資源・エネルギー，貧困などの課題の解決のために経済的，技術的な協力などが大切であることを理解すること。
　イ　次のような思考力，判断力，表現力等を身に付けること。
　　(ア) 日本国憲法の平和主義を基に，我が国の安全と防衛，国際貢献を含む国際社会における我が国の役割について多面的・多角的に考察，構想し，表現すること。
(2) よりよい社会を目指して
　持続可能な社会を形成することに向けて，社会的な見方・考え方を働かせ，課題を探究する活動を通して，次の事項を身に付けることができるよう指導する。
　ア　私たちがよりよい社会を築いていくために解決すべき課題を多面的・多角的に考察，構想し，自分の考えを説明，論述すること。

資　料

3　内容の取扱い
(1)　内容の取扱いについては，次の事項に配慮するものとする。
　ア　地理的分野及び歴史的分野の学習の成果を活用するとともに，これらの分野で育成された資質・能力が，更に高まり発展するようにすること。また，社会的事象は相互に関連し合っていることに留意し，特定の内容に偏ることなく，分野全体として見通しをもったまとまりのある学習が展開できるようにすること。
　イ　生徒が内容の基本的な意味を理解できるように配慮し，現代社会の見方・考え方を働かせ，日常の社会生活と関連付けながら具体的事例を通して，政治や経済などに関わる制度や仕組みの意義や働きについて理解を深め，多面的・多角的に考察，構想し，表現できるようにすること。
　ウ　分野全体を通して，課題の解決に向けて習得した知識を活用して，事実を基に多面的・多角的に考察，構想したことを説明したり，論拠を基に自分の意見を説明，論述させたりすることにより，思考力，判断力，表現力等を養うこと。また，考察，構想させる場合には，資料を読み取らせて解釈させたり，議論などを行って考えを深めさせたりするなどの工夫をすること。
　エ　合意形成や社会参画を視野に入れながら，取り上げた課題について構想したことを，妥当性や効果，実現可能性などを踏まえて表現できるよう指導すること。
　オ　分野の内容に関係する専門家や関係諸機関などと円滑な連携・協働を図り，社会との関わりを意識した課題を追究したり解決したりする活動を充実させること。
(2)　内容のAについては，次のとおり取り扱うものとする。
　ア　(1)については，次のとおり取り扱うものとすること。
　　(ｱ)　「情報化」については，人工知能の急速な進化などによる産業や社会の構造的な変化などと関連付けたり，災害時における防災情報の発信・活用などの具体的事例を取り上げたりすること。アの(ｲ)の「現代社会における文化の意義と影響」については，科学，芸術，宗教などを取り上げ，社会生活との関わりなどについて学習できるように工夫すること。
　　(ｲ)　イの(ｲ)の「文化の継承と創造の意義」については，我が国の伝統と文化などを取り扱うこと。
　イ　(1)及び(2)については公民的

分野の導入部として位置付け，(1)，(2)の順で行うものとし，適切かつ十分な授業時数を配当すること。
(3) 内容のBについては，次のとおり取り扱うものとする。
　ア (1)については，次のとおり取り扱うものとすること。
　　(ア) アの(イ)の「市場における価格の決まり方や資源の配分」については，個人や企業の経済活動が様々な条件の中での選択を通して行われていることや，市場における取引が貨幣を通して行われていることなどを取り上げること。
　　(イ) イの(ア)の「個人や企業の経済活動における役割と責任」については，起業について触れるとともに，経済活動や起業などを支える金融などの働きについて取り扱うこと。イの(イ)の「社会生活における職業の意義と役割及び雇用と労働条件の改善」については，仕事と生活の調和という観点から労働保護立法についても触れること。
　イ (2)については，次のとおり取り扱うものとすること。
　　(ア) アの(ア)の「消費者の保護」については，消費者の自立の支援なども含めた消費者行政を取り扱うこと。
　　(イ) イの(イ)の「財政及び租税の役割」については，財源の確保と配分という観点から，財政の現状や少子高齢社会など現代社会の特色を踏まえて財政の持続可能性と関連付けて考察し，表現させること。
(4) 内容のCについては，次のとおり取り扱うものとする。
　ア (2)のアの(ウ)の「法に基づく公正な裁判の保障」に関連させて，裁判員制度についても触れること。
(5) 内容のDについては，次のとおり取り扱うものとする。
　ア (1)については，次のとおり取り扱うものとすること。
　　(ア) アの(ア)の「国家間の相互の主権の尊重と協力」との関連で，国旗及び国歌の意義並びにそれらを相互に尊重することが国際的な儀礼であることの理解を通して，それらを尊重する態度を養うように配慮すること。また，「領土（領海，領空を含む。），国家主権」については関連させて取り扱い，我が国が，固有の領土である竹島や北方領土に関し残されている問題の平和的な手段による解決に向けて努力していることや，尖閣諸島をめぐり解決すべき領有権の問題は存在して

資　料

いないことなどを取り上げること。「国際連合をはじめとする国際機構などの役割」については，国際連合における持続可能な開発のための取組についても触れること。

　(ｲ)　イの(ｱ)の「国際社会における我が国の役割」に関連させて，核兵器などの脅威に触れ，戦争を防止し，世界平和を確立するための熱意と協力の態度を育成するように配慮すること。また，国際社会における文化や宗教の多様性について取り上げること。

　イ　(2)については，身近な地域や我が国の取組との関連性に着目させ，世界的な視野と地域的な視点に立って探究させること。また，社会科のまとめとして位置付け，適切かつ十分な授業時数を配当すること。

第3　指導計画の作成と内容の取扱い

1　指導計画の作成に当たっては，次の事項に配慮するものとする。

(1)　単元など内容や時間のまとまりを見通して，その中で育む資質・能力の育成に向けて，生徒の主体的・対話的で深い学びの実現を図るようにすること。その際，分野の特質に応じた見方・考え方を働かせ，社会的事象の意味や意義などを考察し，概念などに関する知識を獲得したり，社会との関わりを意識した課題を追究したり解決したりする活動の充実を図ること。また，知識に偏り過ぎた指導にならないようにするため，基本的な事柄を厳選して指導内容を構成するとともに，各分野において，第2の内容の範囲や程度に十分配慮しつつ事柄を再構成するなどの工夫をして，基本的な内容が確実に身に付くよう指導すること。

(2)　小学校社会科の内容との関連及び各分野相互の有機的な関連を図るとともに，地理的分野及び歴史的分野の基礎の上に公民的分野の学習を展開するこの教科の基本的な構造に留意して，全体として教科の目標が達成できるようにする必要があること。

(3)　各分野の履修については，第1，第2学年を通じて地理的分野及び歴史的分野を並行して学習させることを原則とし，第3学年において歴史的分野及び公民的分野を学習させること。各分野に配当する授業時数は，地理的分野115単位時間，歴史的分野135単位時間，公民的分野100単位時間とすること。これらの点に留意し，各学校で創意工夫して適切な指導計画を作成すること。

(4) 障害のある生徒などについては，学習活動を行う場合に生じる困難さに応じた指導内容や指導方法の工夫を計画的，組織的に行うこと。
(5) 第1章総則の第1の2の(2)に示す道徳教育の目標に基づき，道徳科などとの関連を考慮しながら，第3章特別の教科道徳の第2に示す内容について，社会科の特質に応じて適切な指導をすること。
2 第2の内容の取扱いについては，次の事項に配慮するものとする。
(1) 社会的な見方・考え方を働かせることをより一層重視する観点に立って，社会的事象の意味や意義，事象の特色や事象間の関連，社会に見られる課題などについて，考察したことや選択・判断したことを論理的に説明したり，立場や根拠を明確にして議論したりするなどの言語活動に関わる学習を一層重視すること。
(2) 情報の収集，処理や発表などに当たっては，学校図書館や地域の公共施設などを活用するとともに，コンピュータや情報通信ネットワークなどの情報手段を積極的に活用し，指導に生かすことで，生徒が主体的に調べ分かろうとして学習に取り組めるようにすること。その際，課題の追究や解決の見通しをもって生徒が主体的に情報手段を活用できるようにするとともに，情報モラルの指導にも留意すること。
(3) 調査や諸資料から，社会的事象に関する様々な情報を効果的に収集し，読み取り，まとめる技能を身に付ける学習活動を重視するとともに，作業的で具体的な体験を伴う学習の充実を図るようにすること。その際，地図や年表を読んだり作成したり，現代社会の諸課題を捉え，多面的・多角的に考察，構想するに当たっては，関連する新聞，読み物，統計その他の資料に平素から親しみ適切に活用したり，観察や調査などの過程と結果を整理し報告書にまとめ，発表したりするなどの活動を取り入れるようにすること。
(4) 社会的事象については，生徒の考えが深まるよう様々な見解を提示するよう配慮し，多様な見解のある事柄，未確定な事柄を取り上げる場合には，有益適切な教材に基づいて指導するとともに，特定の事柄を強調し過ぎたり，一面的な見解を十分な配慮なく取り上げたりするなどの偏った取扱いにより，生徒が多面的・多角的に考察したり，事実を客観的に捉え，公正に判断したりすることを妨げることのないよう留意すること。
3 第2の内容の指導に当たって

は，教育基本法第14条及び第15条の規定に基づき，適切に行うよう特に慎重に配慮して，政治及び宗教に関する教育を行うものとする。

編者・執筆者一覧

●編　者
工藤文三（大阪体育大学教授）

●編集協力者
石上和宏（東京都板橋区立志村第二中学校校長）

●執筆者

工藤文三（上掲）	1章1・2節，2章1・6節
石上和宏（上掲）	1章3・8節
桑原敏典（岡山大学教授）	1章4節
谷田部玲生（桐蔭横浜大学教授）	1章5節
鴛原　進（愛媛大学教授）	1章6節
永田忠道（広島大学准教授）	1章7節
荒井正剛（東京学芸大学教授）	2章2節1
木村真冬（お茶の水女子大学附属中学校教諭）	2章2節2
髙岡麻美（東京都府中市立府中第九中学校校長）	2章2節3Ａ，Ａ(1)
佐藤　洋（東京都立桜修館中等教育学校教諭）	2章2節3Ｂ，Ｂ(1)
中野英水（東京都板橋区立赤塚第二中学校主任教諭）	2章2節3Ｂ(2)
池田清恵（東京都大田区立石川台中学校校長）	2章2節3Ｃ，Ｃ(1)
渡邊智紀（お茶の水女子大学附属中学校教諭）	2章2節3Ｃ(2)
青柳慎一（埼玉県久喜市立栗橋西中学校教諭）	2章2節3Ｃ(3)
池下　誠（東京都練馬区立大泉西中学校主幹教諭）	2章2節3Ｃ(4)
奥山研司（花園大学教授）	2章3節1・2
竹原　眞（東京都江東区立深川第四中学校校長）	2章3節3Ａ，Ａ(1)
関　裕幸（東京都立小石川中等教育学校主幹教諭）	2章3節3Ａ(2)
伊藤聡保（東京都世田谷区立梅丘中学校校長）	2章3節3Ｂ，Ｂ(1)
市川敦子（東京都調布市立第四中学校指導教諭）	2章3節3Ｂ(2)
山形友広（筑波大学附属中学校教諭）	2章3節3Ｂ(3)
髙山知機（東京都小平市立小平第五中学校校長）	2章3節3Ｃ，Ｃ(1)
髙田孝雄（東京都足立区立竹の塚中学校指導教諭）	2章3節3Ｃ(2)

中原朋生（川崎医療短期大学教授）　　　　　　　　　　2章4節1
升野伸子（筑波大学附属中学校教諭）　　　　　　　　　2章4節2
石本貞衡（東京都練馬区立大泉中学校教諭）　　　　　　2章4節3A，A(1)
東野茂樹（東京都葛飾区立水元中学校主幹教諭）　　　　2章4節3A(2)
三枝利多（東京都目黒区立東山中学校教諭）　　　　　　2章4節3B，B(1)
秋山寿彦（東京学芸大学附属世田谷中学校教諭）　　　　2章4節3C，C(1)
金城和秀（東京都品川区立豊葉の杜学園主任教諭）　　　2章4節3C(2)
古家正暢（東京学芸大学附属国際中等教育学校教諭）　　2章4節3D，D(1)
藤田琢治（東京都板橋区立板橋第二中学校主任教諭）　　2章4節3D(2)
寺本　誠（お茶の水女子大学附属中学校教諭）　　　　　2章5節

［掲載順／職名は執筆時現在］

●編著者プロフィール

工藤文三（くどう・ぶんぞう）
大阪体育大学教授

東京都立高校教諭を経て，平成2年〜平成25年3月まで国立教育政策研究所研究官・部長，帝塚山学院大学教授を経て，平成27年4月より現職。国立教育政策研究所名誉所員。日本公民教育学会会長（平成20〜22年度），日本社会科教育学会評議員（平成20年〜）・会長（平成22〜24年度），日本カリキュラム学会理事（平成20年〜）。主な専門分野は教育課程，社会科教育，公民教育。

平成29年改訂
中学校教育課程実践講座
社　会

2018年3月20日　第1刷発行

編　著　工藤文三
発　行　株式会社ぎょうせい
　　　　〒136-8575　東京都江東区新木場1-18-11
　　　　　　　電　話　編集　03-6892-6508
　　　　　　　　　　　営業　03-6892-6666
　　　　　　　フリーコール　0120-953-431
　　　　　　　URL：https://gyosei.jp

〈検印省略〉

印刷　ぎょうせいデジタル株式会社
乱丁・落丁本は，送料小社負担にてお取り替えいたします。
©2018　Printed in Japan　禁無断転載・複製
ISBN978-4-324-10319-7　(3100535-01-003)　[略号：29中課程（社）]

平成29年改訂
中学校教育課程実践講座
全13巻

☑ **豊富な先行授業事例・指導案**
☑ **Q&Aで知りたい疑問を即解決！**
☑ **信頼と充実の執筆陣**

⇒ 学校現場の ❓ に即アプローチ！
明日からの授業づくりに直結!!

A5判・本文2色刷り・各巻220～240頁程度
セット定価(本体 **23,400**円＋税) 各巻定価(本体 **1,800**円＋税)
セット送料サービス　　　　　　　　　各巻送料300円

巻構成　編者一覧

- **総則**　天笠　茂（千葉大学特任教授）
- **国語**　髙木展郎（横浜国立大学名誉教授）
- **社会**　工藤文三（大阪体育大学教授）
- **数学**　永田潤一郎（文教大学准教授）
- **理科**　小林辰至（上越教育大学大学院教授）
- **音楽**　宮下俊也（奈良教育大学教授・副学長・理事）
- **美術**　永関和雄（武蔵野美術大学非常勤講師）
　　　　　安藤聖子（明星大学非常勤講師）
- **保健体育**　今関豊一（日本体育大学大学院教授）
- **技術・家庭**
　〈技術分野〉古川　稔（福岡教育大学特命教授）
　〈家庭分野〉杉山久仁子（横浜国立大学教授）
- **外国語**　菅　正隆（大阪樟蔭女子大学教授）
- **特別の教科 道徳**　押谷由夫（武庫川女子大学教授）
- **総合的な学習の時間**　田村　学（國學院大學教授）
- **特別活動**　城戸　茂（愛媛大学教授）
　　　　　　　島田光美（日本体育大学非常勤講師）
　　　　　　　美谷島正義（東京女子体育大学教授）
　　　　　　　三好仁司（日本体育大学教授）

株式会社 **ぎょうせい**
フリーコール TEL:**0120-953-431**[平日9～17時] FAX:**0120-953-495**
〒136-8575 東京都江東区新木場1-18-11
https://shop.gyosei.jp　ぎょうせいオンライン[検索]